I0040052

ÉLECTIONS MUNICIPALES.

29383

LOI
DU 14 AVRIL 1871.

ÉLECTIONS
MUNICIPALES
DU 30 AVRIL 1871.

DÉPOT LÉGAL
Seine Inférieure
1871.

LÉGISLATION ET JURISPRUDENCE EN VIGUEUR

par

E. BIDAULT,

Vice-Président du Conseil de Préfecture de la Seine-Inférieure
Chevalier de la Légion-d'Honneur,
Officier d'Académie.

E. LACHAUD
ÉDITEUR,
4, Place du Théâtre-Français, 4,
PARIS.

E. CAGNIARD
IMPRIMEUR,
Rues Jeanne-d'Arc et des Basnage
ROUEN.

1871.

TABLE.

ÉLECTIONS MUNICIPALES

LÉGISLATION ET JURISPRUDENCE EN VIGUEUR.

LOI

du 14 avril 1871.

DISSOLUTION DES COMMISSIONS MUNICIPALES. — EXERCICE DES FONCTIONS DE MAIRES, ADJOINTS, PRÉSIDENTS DE BUREAUX ÉLECTORAUX.

ART. 1er. — Immédiatement après la publication de la présente loi, les commissions municipales, les présidents des commissions, les maires et les adjoints en exercice

et choisis en dehors du conseil municipal (1)
cesseront leurs fonctions.

Provisoirement et jusqu'à l'installation
des nouveaux conseils municipaux, les
fonctions de maire, d'adjoints et de président des bureaux électoraux, dans les communes administrées par des commissions
municipales ou par des maires et adjoints
pris en dehors du conseil municipal, seront remplies par les membres des derniers conseils municipaux élus, en suivant

_____

(1) M. RIVAILLE. — Les présidents des commissions municipales pris dans le sein des conseils municipaux élus au mois
d'août, conserveront-ils leurs positions?

M. BATBIE, rapporteur. — L'auteur de l'amendement a eu en
vue les présidents des commissions qui n'ont pas été pris dans
un conseil élu antérieurement. Par conséquent, les maires ou
les présidents de commissions municipales, sous quelque nom
qu'on les désigne, lorsqu'ils ont été pris dans un conseil municipal élu, se trouvent compris dans l'exception indiquée par
l'amendement de M. Barascud.

[Assemblée nationale, 6 avril 1871. Journ. officiel du 7 avril.
page 445.]

l'ordre d'inscription sur le tableau — (1).

Seront considérés comme derniers conseils municipaux élus, ceux qui ont été nommés à l'élection le 25 septembre 1870 (2) ou depuis et qui seront encore en exercice au moment de la publication de la présente loi.

Convocation des électeurs.

ART. 2. — Dans le plus bref délai, après la promulgation de la présente loi, le gouvernement convoquera les électeurs dans toutes les communes pour procéder au re-

---

(1) Le tableau des conseillers municipaux est dressé d'après le nombre des suffrages obtenus et suivant l'ordre des scrutins. [Loi du 5 mai 1855, art. 4.]

(2) Ces conseils avaient été nommés dans l'ignorance du décret de Tours, du 24 septembre, qui déclare nulles toutes les élections municipales qui seraient faites contrairement à ses défenses.

nouvellement intégral des conseils municipaux (1).

Colléges électoraux.

§ 1er. VOTE AU SCRUTIN DE LISTE.

ART. 3. — Les élections auront lieu au
scrutin de liste pour toute la commune.

ARRÊTÉ DE CONVOCATION.

(1) Le Président du conseil des ministres, chef
du pouvoir exécutif de la République française,
 Vu la loi du 14 avril 1871,

 Arrête :

Art. 1er. — Les élections pour le renouvellement intégral des conseils municipaux auront
lieu dans toutes les communes, le 30 avril, présent
mois.

 Un arrêté spécial déterminera, aussitôt que les
circonstances le permettront, l'époque des élections dans la ville de Paris et dans les communes
du département de la Seine.

 En Corse, les électeurs se réuniront le 7 mai, et
en Algérie le 14.

§ 2. DIVISION DES COMMUNES EN SECTIONS.

ART. 3. — . . . . Néanmoins la commune pourra être divisée en sections dont chacune élira un nombre de conseillers proportionné au chiffre de la population de chaque section.

En aucun cas, ce fractionnement ne pourra être fait de manière qu'une section ait à élire moins de deux conseillers.

Le fractionnement sera fait par le conseil général, sur l'initiative, soit du préfet, soit d'un membre du conseil général, ou enfin du conseil municipal de la commune intéressée. Chaque année, dans sa session ordinaire, le conseil général procédera, par un travail d'ensemble comprenant toutes les communes du département, à la révision des sections, en dressera un tableau qui sera permanent pour les élections municipales à faire dans l'année.

En attendant qu'il ait été procédé à la réélection des conseils généraux, la division en sections sera faite par arrêté du préfet.

§ 3. DIVISION EN BUREAUX DE VOTE (1).

Le Préfet peut, par un arrêté pris en conseil de Préfecture, diviser les communes en sections électorales. (Loi du 5 mai 1855, art. 7.)

Des électeurs.

ART. 4. — Sont électeurs tous les citoyens

---

(1) M. de Limayrac avait proposé un amendement disposant que la commune dont la superficie a une grande étendue, pourrait être divisée en sections, pour faciliter le vote; mais, dans ces sections, les élections devant avoir lieu au scrutin de liste pour toute la commune.

M. Batbie, rapporteur, a fait observer que dans l'amendement il y avait confusion entre les sections électorales et les bureaux de vote. M. de Limayrac n'admet que les bureaux de vote; tandis que la législation a, jusqu'à présent, d'une manière constante, admis la possibilité de diviser la commune en sections électorales.

M. de Limayrac a alors déclaré que la loi sur le vote à la commune, ayant donné satisfaction à la pensée qui avait dicté son amendement, il reconnaissait qu'il n'y avait plus lieu de le soutenir.

Voici le texte de la loi dont il s'agit, et qui a été voté en seconde lecture, le 3 avril :

Art. 2. — Chaque commune peut être divisée par arrêté du Préfet, en autant de sections que l'exigent les circonstances locales et le nombre des électeurs inscrits.

français, âgés de vingt-et-un ans accomplis, jouissant de leurs droits civils et politiques (1), n'étant dans aucun cas d'incapacité prévu par la loi, et de plus, ayant, depuis une année au moins, leur domicile réel dans la commune (2).

---

(1) Les extraits des actes de naissance, nécessaires pour établir l'âge des électeurs, sont délivrés gratuitement, sur papier libre, à tout réclamant. Ils portent en tête l'énonciation de leur destination spéciale. (*Décret organique du 2 février 1852, art. 24.*)

La nationalité ou l'âge sont régulièrement établis au moyen :

Soit d'un livret délivré conformément à la loi. (*Cass. 16 et 30 mars 1863.*)

Soit d'un passeport. (*Cass. 16 mars 1863.*)

Soit d'un contrat de mariage. (*Cass., 23 mars 1863.*)

Soit d'un acte de mariage. (*Cass., 30 mars 1863.*)

Soit d'une inscription sur une précédente liste. (*Cass., 24 mars 1863*)

Soit d'un certificat de libération du service militaire. (*Cass., 24 mars 1863.*)

(2) Les fonctionnaires publics et les ministres des cultes doivent-ils être inscrits sur la liste électorale de la commune où ils exercent leurs fonctions ou ministère, quelle que soit la durée de leur domicile ?

La Cour de Cassation et le Corps Législatif, sous l'empire des lois de 1852 et 1855, qui établissaient une assimilation com-

Les exclusions à opérer sur les listes électorales sont déterminées par le décret du 2 février 1852, articles 15 et 16.

---

plète ntre l'électorat politique et l'électorat communal, avaient admi que la disposition exceptionnelle de l'art. 5 de la loi du 31 mai 1850 subsistait toujours à cet égard; le Décret de 1852, qui n'exigeait plus qu'une habitation de six mois, au lieu d'un domicile de trois années imposé par la loi de 1850, ne pouvait être considéré comme ayant abrogé la disposition précitée, par cela seul qu'il ne l'avait point reproduite.

Lors de la discussion de la loi de 1871, un amendement présenté par M. Say, avait pour but de constituer le suffrage universel *communal*, différent du suffrage universel *politique*. Cet amendement fut retiré par son auteur, sous la condition que la question serait mise sérieusement à l'étude et après une déclaration de M. le Ministre de l'Intérieur, que nous croyons utile de reproduire.

« La loi posait le principe même qui a été développé d'une
« manière si brillante à cette tribune, puisque ne s'attachant
« pas au terme de six mois qu'exige la loi pour les élections
« politiques, elle demandait un domicile d'une année pour les
« élections municipales. Par là, elle reconnaissait un principe
« qui sera, j'en suis certain, fécond en conséquences prochaines.
« Mais le Gouvernement vous demande de songer qu'en ce mo-
« ment, la question d'opportunité prime toutes les autres et
« d'entrevoir quelles seraient les conséquences d'une disposition
« comme celle proposée, introduite inopinément dans la loi,
« dans les élections prochaines et que nous voulons faire le plus
« prochaines possible et cela avec des listes qu'il sera déjà très
« difficile de dresser à l'heure voulue et qui seraient bien plus

Le tableau ci–après, dressé par les ordres de
M. le Ministre de l'Intérieur (Circulaire du 7 février 1852), range par ordre alphabétique toutes
les incapacités prévues par le décret.

« difficiles encore si elles étaient dressées sur cette base nou-
« velle. »

Une circulaire du 19 avril, interprétant la loi sur ce sujet est
ainsi conçue :

« Dans l'esprit de la loi du 14 avril, l'électorat municipal est
« distinct de l'électorat politique, il s'acquiert par un an de domi-
« cile réel et la loi a voulu ne l'attribuer qu'à des citoyens jouis-
« sant véritablement de la vie municipale, partageant à ses
« charges et à ses avantages. Dans ces conditions, il n'y a plus
« lieu d'appliquer aux fonctionnaires l'exception résultant de
« l'ancienne jurisprudence de la Cour de Cassation. »

« Alors donc qu'il s'agit d'élections municipales les fonction-
« naires peuvent y prendre part qu'à la condition de justifier
« d'un an au moins de domicile dans la commune. »

TABLEAU

DES EXCLUSIONS PERPÉTUELLES OU TEMPORAIRES.

NOMENCLATURE PAR ORDRE ALPHABÉTIQUE Des crimes, délits ou autres causes d'incapacité.	NATURE ET DURÉE DES PEINES emportant l'exclusion de la liste électorale.	DURÉE de L'EXCLUSION.	ARTICLES du décret organique qui prononcent l'exclusion.
ABUS DE CONFIANCE. (C. P., art. 406 à 409.)	Emprisonn., quelle qu'en soit la durée.	Perpétuelle.	Art. 15, § 5.
ARBRE abattu, sachant qu'il appartient à autrui. (C. P., art. 445.)	Emprisonnem. de 3 mois au moin.	Idem.	Art. 15, § 10.
ARBRE mutilé, coupé ou écorcé de manière à le faire périr, sachant qu'il appartient à autrui. (C. P., art. 446.)	Idem.	Idem.	Idem.
ATTAQUE PUBLIQUE contre la liberté des cultes, le principe de la propriété et les droits de la famille. (Loi du 11 août 1848, art. 3.)	Quelle que soit la peine.	Idem.	Art. 15, § 6.

ATTROUPEMENTS (Délits prévus par la loi sur les). (Lois des 10 avril 1831 et 7 juin 1848)	Emprisonnem. de plus d'un mois.	L'exclusion dure 5 ans à dater de l'expiration de la peine.	Art. 16.
BOISSONS FALSIFIÉES, contenant des mixtions nuisibles à la santé (Vente et débit de). (C. P., art. 318.)	Emprisonnement de 3 mois.	Perpétuelle.	Art. 15, § 4.
CLUBS (Délits prévus par la loi sur les). (Loi du 28 juillet 1848.)	Emprisonnem. de plus d'un mois.	L'exclusion dure 5 ans, à dater de l'expiration de la peine.	Art. 16.
COLPORTAGE D'ÉCRITS (Infractions a la loi sur le). (Loi du 27 juillet 1849.)	Idem.	Idem.	Idem.
CRIMES suivis d'une condamnation à des peines afflictives et infamantes (travaux forcés, déportation, détention et réclusion), ou à des peines infamantes seulement (bannissement, dégradation civique). (C. P., art 7 et 8.)	Quelle que soit la durée de la peine.	Perpétuelle.	Art. 15, § 1.

NOMENCLATURE PAR ORDRE ALPHABÉTIQUE Des crimes, délits ou autres causes d'incapacité.	NATURE ET DURÉE DES PEINES emportant l'exclusion de la liste électorale.	DURÉE de L'EXCLUSION.	ARTICLES du décret organique qui prononcent l'exclusion
CRIMES suivis d'une condamnation à l'emprisonnement correctionnel en vertu de l'art. 463 du C. P.	Quelle que soit la durée de la peine.	Perpétuelle.	Art. 15, § 3.
DENIERS PUBLICS soustraits par les dépositaires auxquels ils étaient confiés. (C. P., art. 169 à 171.)	Emprisonnement, quelle qu'en soit la durée.	Idem.	Art. 16, § 5.
DESTRUCTION DE REGISTRES, minutes, actes originaux de l'autorité publique, titres, billets, lettres de change, effets de commerce ou de banque, contenant ou opérant obligation, disposition ou décharge. (C. P., art. 439.)	Emprisonnem. de 3 mois au moins.	Idem.	Art. 15, § 10
ÉLECTIONS BULLETIN ajouté, soustrait ou altéré par les personnes chargées, dans un scrutin, de recevoir, compter ou dépouiller les bulletins contenant les suffrages des citoyens.	Emprisonnem. de plus de 3 mois.	Perpétuelle.	Art. 15. § 7. art. 35.

Lecture de noms autres que ceux inscrits.	Idem.	Idem.	Idem.
Inscription sur le bulletin d'autrui de noms autres que ceux qu'on était chargé d'y inscrire.	Idem.	Idem.	Art. 15, § 7, art. 95.
COLLÈGE ÉLECTORAL. (Irruption dans un collège électoral consommée ou tentée avec violence, en vue d'empêcher un choix.)	Idem.	Idem.	Art. 15, § 7, art. 43.
LISTE ÉLECTORALE. (Inscription obtenue sous de faux noms ou de fausses qualités, ou en dissimulant une incapacité prévue par la loi.)	Idem.	Idem.	Art. 15, § 7, art. 31
LISTE ÉLECTORALE. (Inscription réclamée et obtenue sur deux ou plusieurs listes.)	Idem.	Idem.	Idem.
OPÉRATIONS ÉLECTORALES retardées ou empêchées au moyen de voies de fait ou menaces par des électeurs. — Bureau outragé dans son ensemble ou dans l'un de ses membres par des électeurs, pendant la réunion. — Scrutin violé.	Idem.	Idem.	Art. 15, § 7, art. 45.
OPÉRATIONS ÉLECTORALES troublées par attroupements, clameurs ou démonstrations menaçantes. — Atteinte portée à l'exercice du droit électoral ou à la liberté du vote.	Idem.	Idem.	Art. 15, § 7, art. 41.

ÉLECTIONS (suite.)

— 17 —

NOMENCLATURE PAR ORDRE ALPHABÉTIQUE Des crimes, délits ou autres causes d'incapacité.	NATURE ET DURÉE DES PEINES emportant l'exclusion de la liste électorale.	DURÉE de L'EXCLUSION.	ARTICLES du décret organique qui prononcent l'exclusion.
SUFFRAGES. Deniers ou valeurs quelconques donnés, promis ou reçus, sous la condition soit de donner ou de procurer un suffrage, soit de s'abstenir de voter.—Offre ou promesse faite ou acceptée, sous les mêmes conditions, d'emplois publics ou privés.	Emprisonnem. de plus de 3 mois.	Perpétuelle.	Art. 15, § 7, art. 38.
SUFFRAGES influencés, soit par voies de fait, violences ou menaces contre un électeur, soit en lui faisant craindre de perdre son emploi ou d'exposer à un dommage sa personne, sa famille ou sa fortune. — Abstention de voter déterminée par les mêmes moyens.	Idem.	Idem.	Art. 15, § 7, art. 39.
SUFFRAGES surpris ou détournés à l'aide de fausses nouvelles, bruits calomnieux ou autres manœuvres frauduleuses. —	Idem.	Idem.	Art. 15, § 7, art. 40.

ÉLECTIONS (suite).

Abstention de voter déterminée par les mêmes moyens.			
URNE contenant les suffrages émis et non encore dépouillée (Enlèvement de l').	Idem.	Idem.	Art. 15, § 7, art. 46.
VOTE en vertu d'une inscription obtenue sous de faux noms ou de fausses qualités, ou en dissimulant une incapacité, ou en prenant faussement les noms et qualités d'un électeur inscrit.	Idem.	Idem.	Art. 15, § 7, art 38.
VOTE multiple, à l'aide d'une inscription multiple.	Idem.	Idem	Art. 15, § 7, art. 34.
EMPOISONNEMENT de chevaux ou autres bêtes de voiture, de monture ou de charge, de bestiaux à cornes, de moutons, chèvres ou porcs, ou de poissons dans les étangs, rivières ou réservoirs. (C. P., art. 452.)	Emprisonnem. de 3 mois au moins.	Perpétuelle.	Art. 15, § 10.
ENCROQUERIE. (C. P., art. 405.)	Emprisonnement, quelle qu'en soit la durée.	Idem.	Art. 15, § 5.

NOMENCLATURE PAR ORDRE ALPHABÉTIQUE Des crimes, délits ou autres causes d'incapacité.	NATURE ET DURÉE DES PEINES emportant l'exclusion de la liste électorale.	DURÉE de L'EXCLUSION.	ARTICLES du décret organique qui prononcent l'exclusion.
FAILLITE déclarée soit par les tribunaux français, soit par jugement rendu à l'étranger, mais exécutoire en France. (C. Comm., art. 437 et suivants.)		L'exclusion cesse après la réhabilitation	Art. 15, § 17.
FALSIFICATION de substances ou denrées alimentaires ou médicamenteuses destinées à être vendues. — Vente ou mise en vente de ces denrées, sachant qu'elles sont falsifiées ou corrompues. (Loi du 27 mars 1851, art. 1er.)	Emprisonnement, quelle qu'en soit la durée.	Perpétuelle.	Art. 15, § 14.
GREFFE détruite. (C. P., art. 47.)	Emprisonnem. de 3 mois au moins.	Idem.	Art. 15, § 10.
INTERDICTION civile pour cause d'imbécilité, de démence ou de fureur. (C. civ., art. 489 et suivants.)	»	L'exclusion cesse à la levée judiciaire de l'interdiction. (C. civ., art. 512.)	Art. 15, § 16

Interdictions correctionnelle du droit de vote et d'élection. (C. P., art. 42, 86, 90, 91, 123.)	•	La durée de l'exclusion est fixée par le jugement et court à dater de l'expiration de la peine.	Art. 15, § 2.
Jeux de Hasard (Maisons de). (C. P., article 410.)	Quelle que soit la peine.	Perpétuelle.	Art. 15, § 11.
Loteries non autorisées. (L. du 21 mai 1836.)	Idem.	Idem.	Idem.
Marchandises ou matières servant à la fabrication, gâtées volontairement. (C. P., art. 443.)	Emprisonnem. de 3 mois au moins.	Idem.	Art. 15, § 10.
Mendorté. (C. P., art. 274 à 279.)	Quelle que soit la peine.	Idem.	Art. 15, § 9.
Militaires condamnés au boulet ou aux travaux publics.	Quelle que soit la durée de la peine.	Perpétuelle.	Art. 15, § 12.
Mœurs (Attentats aux). C P., art. 330 et 334.)	Quelle que soit la peine.	Idem.	Art. 15, § 2.

NOMENCLATURE PAR ORDRE ALPHABÉTIQUE Des crimes, délits ou autres causes d'incapacité.	NATURE ET DURÉE DES PEINES emportant l'exclusion de la liste électorale.	DURÉE de L'EXCLUSION.	ARTICLES du décret organique qui prononcent l'exclusion
OFFICIERS MINISTÉRIELS (avoués, huissiers, greffiers, notaires) destitués en vertu de jugement ou de décisions judiciaires (1).	Quelle que soit la peine.	Perpétuelle.	Art. 15, § 8.
OUTRAGE public à la morale publique et religieuse et aux bonnes mœurs. (Loi du 17 mai 1819, art. 8.)	Idem.	Idem.	Art. 15, § 6.
OUTRAGE public envers un juré, à raison de ses fonctions, ou envers un témoin, à raison de ses dépositions. (Loi du 25 mars 1822, art. 6.	Emprisonnem. de plus d'un mois.	L'exclusion dure 5 ans, à dater de l'expiration de la peine.	Art. 16.
OUTRAGE et violences envers les dépositaires de l'autorité ou de la force publique. C. P., art. 222 à 230.)	Idem.	Idem.	Idem.
PROSTITUTION ou incontinence (Maisons de) publiques ou tenues sans autorisation légale. — Registre non tenu. (C. P., art. 411)	Quelle que soit la peine.	Idem.	Art. 15, § 11,

Rébellion envers les dépositaires de l'autorité ou de la force publique. (C. P. art. 209 à 221.)	Emprisonnem. de plus d'un mois.	Idem.	Art. 16.
Récoltes (Dévastation de). (C. P., art. 444.)	Emprisonnem. de 3 mois ou moins.	Perpétuelle.	Art. 15, § 10
Recrutement. Jeunes gens omis sur les tableaux de recensement, par suite de fraudes ou manœuvres. (Loi du 21 mars 1832, art. 38.)	Emprisonnement, quelle qu'en soit la durée.	Idem.	Art. 15, § 13.

(1) Le décret du chef de l'État qui prononce la révocation d'un officier ministériel est une véritable *décision judiciaire* et le dernier acte de la poursuite disciplinaire dirigée contre cet officier (*Cour de cassation, 14-21 août, 11 novembre 1850 et 18 mars 1851*).

Les expressions *jugements* et *décisions judiciaires* employées dans le décret ont une signification très distincte; le § 8 de l'art. 15 doit être entendu en ce sens que l'exclusion de la liste électorale prononcée contre un officier ministériel destitué doit avoir son effet, sans établir aucune différence entre celui dont la révocation a été prononcée par *jugement*, et celui dont la révocation a eu lieu par *décret* du chef de l'État, *décision judiciaire*, ainsi que l'interprète l'arrêt de la Cour souveraine ci-dessus visé.

Il faut que la révocation ou destitution ait été prononcée après des poursuites criminelles correctionnelles ou disciplinaires.

On ne saurait appliquer l'exclusion édictée par la loi au cas où la révocation est prononcée par l'autorité supérieure, en l'absence de toutes poursuites, comme mesure purement administrative. (*Cassation 26 mars 1862*).

NOMENCLATURE PAR ORDRE ALPHABÉTIQUE Des crimes, délits ou autres causes d'incapacité.	NATURE ET DURÉE DES PEINES emportant l'exclusion de la liste électorale.	DURÉE de L'EXCLUSION.	ARTICLE du décret organique qui prononce l'exclusion.
RECRUTEMENT. Jeunes gens appelés à faire partie du contingent de leur classe, qui se sont rendus impropres au service militaire, soit temporairement, soit d'une manière permanente, dans le but de se soustraire aux obligations imposées par la loi. (Art. 41.)	Emprisonnement quelle qu'en soit la durée.	Perpétuelle.	Art. 25, § 13.
RECRUTEMENT. Substitution ou remplacement effectué, soit en contravention à la loi, soit au moyen de pièces fausses ou de manœuvres frauduleuses. — Complicité. (Article 43.)	Idem.	Idem.	Idem.
RECRUTEMENT. Médecins, chirurgiens ou officiers de santé qui, étant délégués pour siéger au conseil de révision ou dans les circonstances de cette délégation, ont reçu ou d'une ou agréé des promesses pour être...	Idem.	Idem.	Idem.

— 31 —

favorables aux jeunes gens qu'ils doivent examiner, ou qui ont reçu des dons pour une réforme justement prononcée. (Art. 45.)			
TROMPERIE : sur le titre des matières d'or ou d'argent; sur la qualité d'une pierre fausse vendue pour fine; sur la nature de toutes marchandises. (C. P., art. 423.)	Emprisonnement de 3 mois.	Idem.	Art. 15, § 4.
TROMPERIE : sur la qualité des choses livrées, par l'usage de faux poids ou de fausses mesures, ou d'instruments inexacts, ou par des manœuvres et des indications frauduleuses, relatives au pesage ou au mesurage; tentative de ces délits (Loi du 27 mars 1851, art. 1er.)	Emprisonnement, quelle qu'en soit la durée.	Idem.	Art. 15, § 14.
USURE. (Loi du 3 septembre 1807.)	Quelle que soit la peine.	Idem.	Art. 15, § 15.
VAGABONDAGE. (C. P., art. 269 à 271.)	Idem.	Idem.	Art. 15, § 9.
VOL. (C. P., art. 379, 388, 401.)	Idem.	Idem.	Art. 15, § 5.

Des éligibles.

ART. 4. § 2. — Sont éligibles au conseil municipal d'une commune tous les électeurs âgés de vingt-cinq ans, réunissant les conditions prévues par le paragraphe précédent, sauf les cas d'incapacité et d'incompatibilité prévus par les lois en vigueur et l'article 5 de la présente loi.

Toutefois il pourra être nommé au conseil municipal d'une commune, sans la condition de domicile, un quart des membres qui le composeront, à la condition de payer dans ladite commune une des quatre contributions directes.

ART. 5. — Ne pourront être élus membres des conseils municipaux : 1° les juges de paix titulaires (1), dans les cantons où ils exercent leurs fonctions ; 2° les membres amovibles des tribunaux de première instance dans les communes de leur arrondissement.

_____

(1) Les suppléants du juge de paix restent éligibles. (Extrait de la séance du 7 avril 1871. Journ. officiel, p. 467.

1. Les fonctions de Conseiller municipal sont incompatibles avec celles de :

Préfets, Sous-Préfets, Secrétaires-généraux, Conseillers de Préfecture,

Commissaires et agents de police ;

Militaires et employés de terre et de mer en activité de service ;

Ministres des divers cultes en exercice dans la commune (1). (Loi du 5 mai 1855, art. 10.)

2. Ne peuvent être Conseillers municipaux :

Les comptables de deniers communaux et les agents salariés de la commune (2) ;

---

(1) Les mots *En exercice dans la commune* se rapportent aux ministres des cultes et non pas aux cultes.

Il ne s'agit que des cultes légalement reconnus.

L'incompabilité s'applique à un curé qui a été, par décision épiscopale, suspendu de ses fonctions et remplacé par un procuré, mais qui demeure, nonobstant cette suspension, curé titulaire de la paroisse de la commune et continue à toucher une partie du traitement à lui alloué par l'Etat. (*Conseil d'Etat, 30 mars 1861.*)

(2) Les *médecins des pauvres* qui touchent un traitement sur le budget communal, les *bibliothécaires*, les *professeurs* payés sur le même budget, en général tout individu qui reçoit un traitement ou salaire sur les fonds de la commune est exclu du Conseil municipal. (*Cour de Cassation, 4 mars 1844.*)

Les entrepreneurs de services communaux (1);

Les domestiques attachés à la personne (2);

Les individus dispensés de subvenir aux charges communales, et ceux qui sont secourus par les bureaux de bienfaisance (3). (Ibid., art. 9.)

Conseil d'État, 3 mai, 3 septembre 1841, 18 novembre 1846.)

Le Médecin cantonal, chargé de donner ses soins aux indigents, qui reçoit une rétribution sur un fonds commun fourni par les communes du canton ne peut être considéré comme agent salarié de la commune. (Conseil d'État, 23 juillet 1856.)

(1) Cette qualification s'applique à tous ceux qui se sont rendus adjudicataires, ou ont traité de gré à gré d'un travail ou d'une fourniture quelconque où la commune est intéressée.

La disposition qui interdit aux entrepreneurs de services communaux l'entrée au Conseil municipal n'est pas applicable aux fermiers des revenus communaux (droits de place) bien que ceux-ci aient été compris par l'art. 5 de la même loi au nombre des personnes qui ne peuvent être ni maire ni Adjoint. (Conseil d'État, 16 avril 1856.)

(2) L'individu employé habituellement aux travaux du jardin et aux soins de la basse-cour dans la maison d'un habitant de la commune, où il n'est ni logé ni nourri, ne doit pas être considéré comme domestique attaché à la personne (Conseil d'État, 31 janvier 1859.)

(3) Toutes les difficultés qui s'élèvent sur l'application des diverses dispositions que nous venons de citer rentrent dans le contentieux administratif, dont les Conseils de Préfecture ont seuls le droit de connaître, sauf recours au Conseil d'État.

3. Nul ne peut être membre de plusieurs Conseils municipaux. (Ibid., art. 10.)

Si donc un citoyen a été élu dans plusieurs communes, il doit opter pour l'une d'elles. Par analogie de ce qui a été établi pour le Corps législatif par le décret organique du 2 février 1852, art. 7, on peut accorder à l'élu un délai de dix jours pour déclarer son option. Ce délai se comptera de la vérification des élections par le Conseil de Préfecture s'il y a eu réclamation, ou du terme assigné aux réclamations s'il n'en a pas été formé.

A défaut d'option, le Préfet, en Conseil de Préfecture, tire au sort pour décider dans quel Conseil il restera.

4. Dans les communes de 500 âmes et au-dessus, les parents au degré de père, de fils, de frère, et les alliés au même degré, ne peuvent être en même temps membres du Conseil municipal. (Loi du 5 mai 1855, art. 11.)

Cette incompatibilité s'applique également aux parents au degré d'aïeul et de petit-fils. (Conseil d'État, 11 août 1847.)

Il y a alliance, dans le sens légal, entre le mari d'une fille adoptive et celui qui l'a adoptée. (Cassation, 6 décembre 1844.)

L'alliance continue lors même qu'un second mariage a été contracté et qu'il ne reste pas d'enfants du mariage qui a établi l'alliance. (Cassation, 10 octobre 1839.)

Il n'y a point d'alliance, dans le sens légal, entre deux individus qui ont épousé les deux sœurs (1); cette alliance n'existe qu'entre les beaux-frères qui sont l'un époux, l'autre frère de la même femme.

Si deux candidats, qui ne peuvent, pour cause de parenté ou d'alliance, faire partie du même Conseil, ont été élus simultanément par deux sections différentes, la question de préférence doit être résolue par la voie du sort et non par le nombre de suffrages ou le bénéfice de l'âge. (Conseil d'État, 16 août 1856.)

5. Tout Conseiller municipal qui, par une cause survenue postérieurement à sa nomination, se trouve dans un des cas prévus par les articles 9, 10 et 11 de la loi du 5 mai 1855, est déclaré démissionnaire par le Préfet, sauf recours au Conseil de Préfecture. (Loi du 5 mai 1855, art. 12.)

---

(1) *Conseil d'État. 16 janvier 1862.*

Des Listes électorales.

Art. 6. Dans les trois jours qui suivront la publication de la loi, les listes spéciales aux élections municipales seront dressées dans toutes les communes (1). Les réclamations seront reçues pendant trois jours après l'expiration du délai précédent, et jugées dans les trois jours qui suivront, par une commission composée de trois conseillers, suivant l'ordre d'inscription sur le tableau, sauf l'appel au juge de paix et le pourvoi en cassation, qui suivront leur cours sans que les opérations électorales puissent être retardées.

1. Il sera ouvert, dans chaque mairie, un registre sur lequel les réclamations seront inscrites par ordre

---

(1) Conformément aux dispositions du décret réglementaire du 2 février 1852, la liste électorale doit être déposée au secrétariat de la mairie (art. 2.)

Le jour même, avis en doit être donné par affiches apposées aux lieux accoutumés, et faisant connaître que dans le délai imparti (3 jours) tout citoyen omis pourra réclamer l'inscription ou la radiation de tout individu indûment inscrit ou indûment omis.

de date. (Décret organique du 2 février 1852, art. 19).

Quand la ville est divisée en plusieurs cantons, il doit être ouvert autant de registres qu'il y a de cantons. (Instruction ministérielle du 18 novembre 1853.)

2. Toute réclamation devra être formée par écrit, et contenir, lorsqu'il s'agira de radiations, l'énoncé des motifs sur lesquels elle est fondée (Ibid).

Elle doit être présentée dans les trois jours à compter de la publication des listes.

Le maire devra donner récépissé de chaque réclamation. (Décret organique du 2 février 1852, art. 19.)

3. Tout citoyen omis sur la liste pourra, dans le délai ci-dessus indiqué, présenter sa réclamation à la mairie.

4. L'électeur dont l'inscription aura été contestée en sera averti, sans frais, par le maire, et pourra présenter ses observations. (Ibid., art. 19.)

Cet avertissement contiendra l'indication sommaire des motifs de la demande en radiation. (Instruction ministérielle du 18 novembre 1853.)

5. Notification de la décision de la commission municipale sera, dans les trois jours, faite aux parties intéressées par le ministère d'un agent as-

sermenté (1). (Décret organique du 2 février 1852, art. 21).

6. La notification devra être faite soit à l'intéressé direct, soit au tiers réclamant, suivant les indications du tableau ci-après, annexé à la circulaire ministérielle du 25 août 1828. (Circulaire préfectorale du 9 avril 1849) (2).

---

(1) Ce sera, en général, un gendarme ou un garde champêtre. (Instruction ministérielle, du 18 novembre 1853).

(2) Les dispositions de ce tableau assuraient l'exécution de la loi du 2 juillet 1828, puis de celle du 19 avril 1831.

QUALITÉ du réclamant.	OBJET de la demande.	RÉSULTAT de la décision.	MODE DE NOTIFICATION.
Intéressé direct.	Inscription.	Admission.	Publication seulement.
		Rejet. . .	Notification spéciale à l'intéressé.
	Radiation.	Admission.	Publication et notification spéciale à l'intéressé.
		Rejet. . .	Notification spéciale à l'intéressé.
	Rectification	Admission.	Publication seulement.
		Rejet. . .	Notification spéciale à l'intéressé.
Tiers réclamant.	Inscription.	Admission.	Publication seulement.
		Rejet. . .	Notification spéciale à celui dont l'inscription était demandée.
	Radiation.	Admission.	Publication et notification spéciale à celui qui est rayé.
		Rejet. . .	Notification spéciale au tiers réclamant et à l'individu dont l'inscription était contestée.
	Rectification	Admission.	Publication seulement.
		Rejet. . .	Notification spéciale au tiers réclamant et à l'individu dont l'inscription était contestée.

7. Les parties (1) peuvent interjeter appel, dans les cinq jours de la notification. (Décret organique du 2 février 1852, art. 21.)

L'appel est porté devant le juge de paix du canton. (*Ibid.*, art. 22.)

Il sera formé par simple déclaration au greffe (*Ibid.*, art. 22) (2).

8. Le juge de paix statuera dans les 10 jours, sans frais ni forme de procédure, sur simple avertissement donné, trois jours à l'avance, à toutes les parties intéressées.

Toutefois, si la demande portée devant lui implique la solution préjudicielle d'une question d'état, il renverra préalablement les parties à se pourvoir devant les juges compétents, et fixera un bref délai dans lequel la partie qui aura élevé

---

(1) Le Maire et les membres de la commission municipale n'ont pas qualité pour appeler devant le juge de paix de la décision à laquelle ils ont pris part. [*Cassation, 21, 28 août, 30 novembre 1850*].

(2) La loi ne prescrit aucune forme spéciale pour constater la déclaration d'appel. Il n'est pas nécessaire que le greffier dresse un acte d'appel signé de l'appelant, il suffira qu'il lui remette un récépissé de sa déclaration, qui peut aussi être faite par lettre missive [*Cassation, 30 juillet 1849. Duvignon.*]

la question préjudicielle devra justifier de ses diligences (1).

Il sera procédé, en ce cas, conformément aux articles 855, 856, 858 du Code de procédure. (Décret organique du 2 février 1852, art. 22.)

8. L'appel étant, en principe, suspensif, du moment qu'il n'y est pas formellement dérogé, l'électeur dont la radiation est prononcée par une décision frappée d'appel, conserve le droit de voter jusqu'à ce que l'appel ait été jugé.

10. Le juge de paix donne avis des infirmations par lui prononcées, au Préfet et au Maire, dans les trois jours de sa décision. (Décret réglementaire, art. 6.)

11. La décision du juge de paix est en dernier ressort, mais elle peut être déférée à la Cour de cassation. Le pourvoi n'est recevable que s'il est

---

(1) Le juge de paix ayant le droit de décider en dernier ressort les questions d'identité de personne [*Cassation, 13 novembre 1850*], la question de savoir si une condamnation emportant incapacité du droit de voter s'applique à celui dont on demande l'élimination est de sa compétence, attendu qu'elle n'est pas une question d'état qui oblige le juge de paix à surseoir, mais une simple question d'identité de personne, qui est de sa compétence exclusive. [*Cassation, 19 novembre 1850*.]

formé dans les dix jours de la notification de la décision. Il n'est pas suspensif.

Il est formé par simple requête dénoncée aux défendeurs, dans les dix jours qui suivent; il est dispensé de l'intermédiaire d'un avocat à la Cour, et jugé d'urgence, sans frais ni consignation d'amende.

Les pièces et mémoires fournis par les parties sont transmis, sans frais, par le greffier de la justice de paix au greffier de la Cour de cassation (1).

La Chambre des requêtes statue définitivement sur le pourvoi. (Décret organique, art. 23.)

12. Un électeur est non recevable à se pourvoir en cassation contre une décision du juge de paix dans laquelle il n'a point été partie. (Cassation, 30 juillet 1851.)

13. Tous les actes judiciaires sont, en matière électorale, dispensés du timbre et enregistrés gratis. Les extraits des actes de naissance, nécessaires pour établir l'âge des électeurs, sont délivrés gratuitement, sur papier libre, à tout récla-

_____

(1) On ne peut produire devant la Cour de cassation des pièces qui n'auraient pas été mises sous les yeux du juge de paix, fussent-elles de nature à prouver le droit du réclamant. *Cassation, 10 mars 1851.*]

mant. Ils portent, en tête de leur texte, l'énonciation de leur destination spéciale, et ne peuvent
servir à aucune autre. (Décret organique,
art. 24.)

Nombre de Conseillers à élire.

14. Chaque commune a un Conseil municipal
composé de :

10 membres dans les communes de 500 habitants (1) et au-dessous;

12 membres dans celles de		501 habitants à	1,500
16	—	—	1,501	—	2,500
21	—	—	2,501	—	3,500
23	—	—	3,501	—	10,000
27	—	—	10,001	—	30,000
30	—	—	30,001	—	40,000
32	—	—	40,001	—	50,000
34	—	—	50,001	—	60,000
36	—	—	60,001	— et au-dessus

(Loi du 5 mai 1855, art. 6.)

---

(1) La population officielle est celle résultant du dernier recensement général de 1856, qui a servi de base aux dernières élections municipales.

OPERATIONS ELECTORALES.

Durée du scrutin.

Art. 7. Dans toutes les communes, quelle que soit leur population, le scrutin ne durera qu'un jour. Il sera ouvert et clos le dimanche.

Le dépouillement en sera fait immédiatement (1).

1. Le Président doit constater l'heure à laquelle le scrutin est ouvert ;

Le scrutin ne peut être fermé qu'après avoir été ouvert (2) pendant trois heures au moins. *(Loi du 5 mai 1855, art. 39.)*

---

(1) M. Batbie, rapporteur. « Si le scrutin ne dure qu'un seul
« jour et si l'on considère comme un avantage de cette réduction
« l'impossibilité de soupçonner la violation de l'urne, il est na-
« turel d'exiger que le dépouillement se fasse immédiatement,
« parce que si on le renvoyait au lendemain, l'avantage signalé
« disparaîtrait. »

(Assemblée nationale, 7 avril 1871, journal
officiel, page 471.)

(2) Un amendement présenté par M. Seignobos, le 7 avril 1871,

Le Président constate également l'heure de fermeture du scrutin,

Dans aucun cas le scrutin ne devra se prolonger au-delà de six heures du soir (1). (Instruction ministérielle du 24 juin 1855.)

Il peut être ouvert à six heures du matin (Circul. du 16 avril 1871.)

2. Nul n'est élu au premier tour de scrutin, s'il n'a réuni : 1° la majorité absolue des suffrages exprimés ; 2° un nombre de suffrages égal au quart de celui des électeurs inscrits. Au deuxième tour de scrutin, l'élection a lieu à la majorité relative, quel que soit le nombre des votants. Les deux tours de scrutin peuvent avoir lieu le même jour.

Dans le cas où le deuxième tour de scrutin ne

proposant de préciser l'heure d'ouverture et de fermeture du scrutin, a été repoussé ainsi qu'un autre présenté par M. Daussussey, dans le même sens.

Il est d'usage que l'arrêté préfectoral qui intervient pour convoquer les électeurs, fixe l'heure d'ouverture et de fermeture du scrutin.

(1) La prolongation du scrutin au-delà de l'heure fixée n'est pas une irrégularité de nature à entraîner la nullité de l'élection si elle n'a pas présenté le caractère d'une manœuvre ayant pour but ou pour effet d'altérer le résultat du vote. (Conseil d'État, 19 mai 1866, élect. de Mont, 6 juin 1866, Valleroy-le-Sec, 16 juin 1866, Ségur.)

peut avoir lieu le même jour, l'Assemblée est de droit convoquée pour le dimanche suivant. (Loi du du 5 mai 1855, art. 44.)

Lieu de réunion.

Les opérations électorales doivent avoir lieu à la Mairie ou dans un local public bien connu des électeurs (1).

Ils doivent en être informés par la publication.

Disposition de la salle et de la boîte du scrutin.—Pièces à déposer sur la table du bureau.

1. Le bureau où prendront place le Président et les assesseurs, sera disposé de telle sorte que l'on puisse circuler alentour pendant le dépouillement du scrutin. (Instructions ministérielles des 17 février 1852 et 30 mai 1857.)

---

(1) Le conseil d'État a annulé les élections de Puylaurens, par ce motif, qu'en l'absence de Mairie, les opérations avaient lieu dans l'habitation particulière du Maire, située dans un hameau éloigné du village, et qu'il n'était pas justifié que les électeurs eussent été prévenus à l'avance qu'elle servirait de lieu de réunion. (Conseil d'État, 11 mars 1862.)

Des factionnaires seront placés, s'il y a lieu, aux portes de la salle, à l'effet de maintenir l'ordre ; ils seront sous l'autorité du Président. (Ibid.)

2. La boîte du scrutin doit avoir deux serrures fermées, avant le commencement du vote, et dont les clefs restent, l'une entre les mains du Président, l'autre entre les mains du scrutateur le plus âgé (Décret réglementaire du 2 février 1852, art. 22 ; Loi du 5 mai 1855, art. 38.)

3. Seront déposés sur la table du bureau :

La loi du 14 avril 1871 et les lois antérieures relatives aux élections municipales qui n'ont pas été abrogées :

Le décret réglementaire du 2 février 1852 ;

Les instructions envoyées par la Préfecture ;

La liste officielle des électeurs ;

La feuille d'inscription des votants.

Constitution du bureau.

1. Le bureau de chaque collège ou section est composé d'un président, de quatre assesseurs, et d'un secrétaire choisi par eux parmi les électeurs (1) ; trois membres, au moins, doivent être

_____

(1) Le secrétaire est nommé à la majorité des voix. [*Instruction ministérielle, 30 mai 1857.*]

présents pendant tout le cours des opérations (1).

Dans les délibérations du bureau, le secrétaire n'a que voix consultative. (Décret organique du 2 février 1852, art. 12 ; et Loi du 5 mai 1855 , art. 29 et 31.)

2. Les sections sont présidées, savoir : la première par le maire (2), et les autres, successivement, par les Adjoints, dans l'ordre de la nomination, et par les Conseillers municipaux, dans l'ordre du tableau. (Loi du 5 mai 1855, art. 29.)

Ce tableau est dressé d'après le nombre de suffrages obtenus et suivant l'ordre des scrutins. (Loi du 5 mai 1855, art. 4.)

3. Les deux plus âgés et les deux plus jeunes des électeurs présents à l'ouverture de la séance, sachant lire et écrire, remplissent les fonctions de scrutateurs (3). (Loi du 5 mai 1855, art. 31.)

---

(1) Le secrétaire peut compter au nombre des trois membres. [*Conseil d'Etat, 29 juin 1847 ; circulaire ministérielle du 30 mai 1857.*]

(2) Voir l'article 1er de la loi du 14 avril 1871, page 6.

(3) Lorsque le bureau, au lieu d'être composé à l'ouverture de la séance, a été formé d'électeurs désignés à l'avance par le Maire, cette irrégularité entraîne la nullité des opérations. [*Conseil d'Etat, 29 mai 1861, 5 septembre 1866.*]

Le degré de parenté ou d'alliance entre scrutateurs ne fait

Attributions et devoirs du Président.

1. Le Président a seul la police de l'assemblée (1).
(Décret réglementaire du 2 février 1852, art. 11,
et loi du 5 mai 1855, art. 30.)

2. L'assemblée ne peut s'occuper d'autres objets
que des élections qui lui sont attribuées. Toute discussion, toute délibération lui sont interdites. (Décret réglementaire du 2 février 1852, art. 10 ; et
Loi du 5 mai 18..5, art. 30.)

---

point obstacle à ce qu'ils siégent simultanément. [*Cons. d'Etat,
24 août 1832.*] Aucune disposition ne s'oppose à ce que le fils
du Maire puisse faire partie du bureau s'il y est appelé par son
âge. [*Conseil d'Etat, 22 mai 1861.*]

Si un électeur appelé par son âge à remplir les fonctions de
scrutateur, refuse, il doit être considéré comme absent et être
remplacé. Le bureau est régulièrement composé lorsque les électeurs qui en font partie n'ont été appelés que sur le refus des
électeurs plus anciens et plus jeunes. [*Conseil d'Etat, 20 août
1847.*]

(1) S'il appartient au Président d'assurer la police de l'assemblée, il ne peut cependant supprimer sans nécessité la publicité
des opérations électorales.

L'interdiction faite aux électeurs de rester dans la salle, quand
cette mesure n'a été nécessitée par aucun trouble, privant ces
électeurs du droit qui leur appartient de s'assurer de la régularité des opérations, entraîne la nullité desdites opérations. [*Conseil d'Etat, 3 mai 1861.*]

3. Si cette règle n'est pas scrupuleusement observée, le Président doit user du rappel à l'ordre ; si, malgré ses efforts il ne peut se faire obéir, il doit lever la séance pour l'ajourner, soit à une autre heure. (Instruction ministérielle, 30 mai 1857.)

4. Le Président pourrait enfin, s'il ne lui restait aucun moyen de faire respecter la loi, requérir la force armée. (Décret du 2 février 1852, art. 11.)

La réquisition directe peut émaner du Président s'il est investi, comme Maire ou en l'absence du Maire, de l'administration municipale ; dans tout autre cas, elle doit passer par l'intermédiaire du Maire.

5. Le Président doit constater, au commencement de l'opération, l'heure à laquelle le scrutin est ouvert. (Loi du 5 mai 1855, art. 39. Circulaire du 3 mai 1867.)

Il constate également l'heure à laquelle il déclare le scrutin clos. (Ibidem.)

Attributions et devoirs du Bureau.

1. Trois membres du bureau, au moins, doivent être présents (1) pendant tout le cours des opéra-

---

(1) Si le bureau, pendant le cours des opérations, ne se trouve plus composé de trois membres, par suite de l'absence de plu-

3

tions. (Décret réglementaire du 2 février 1852,
art. 15, et loi du 5 mai 1855, art. 31.)

Le secrétaire, quoique n'ayant que voix consultative, peut compter au nombre des trois membres
dont la présence simultanée au bureau est requise
pendant toute la durée du scrutin. (Conseil d'Etat
du 29 juin 1847 et Instruction ministérielle du
30 mai 1857.)

En cas d'absence, le président est remplacé par
le plus âgé, et le secrétaire par le plus jeune
des assesseurs. (Instruction ministérielle du
30 mai 1857.)

2. Le bureau juge provisoirement les difficultés
qui s'élèvent sur les opérations de l'assemblée.
(Décret réglementaire du 2 février 1852, art. 11,
et Loi du 5 mai 1855, art. 34.)

Ce droit de juger provisoirement, sauf appel devant le Conseil de préfecture, les difficultés qui s'é-
lèvent sur les opérations de l'assemblée, ne s'applique qu'aux opérations confiées aux électeurs, et
ne peut embrasser les réclamations qui concernent
la capacité électorale. (Conseil d'Etat, 26 fé-

---

sieurs, le président doit compléter le bureau en prenant parmi
les électeurs présents le nombre d'assesseurs nécessaire. (Corps
législatif, 24 janvier 1869. Election Le Calvez.)

vrier 1832, 26 mars 1856, 30 août 1831,
7 avril 1866.)

3. Les décisions du bureau sont motivées. (Décret du 2 février 1852, art. 16, et Loi du 5 mai 1855, art. 34.)

La délibération du bureau est secrète, la décision est prononcée à haute voix par le Président.

4. Les décisions sont prises à la majorité, et en cas de partage, il en est fait mention au procès-verbal. (Instruction ministérielle du 30 mai 1857.)

5. Toutes les réclamations et décisions sont insérées au procès-verbal ; les pièces et bulletins qui s'y rapportent y sont annexés, après avoir été paraphés par le bureau. (Décret réglementaire du 22 février 1852, art. 16, et Loi du 5 mai 1855, art. 34.)

Toutefois, le défaut de mention, au procès-verbal des difficultés survenues et des décisions provisoires, ne peut motiver l'annulation des opérations électorales. (Conseil d'Etat, 16 décembre 1835.)

Attributions et devoirs du Secrétaire.

1. Le Secrétaire, nommé par le bureau à la majorité des voix et choisi parmi les électeurs, n'a

dans les délibérations du bureau que voix consultative. (Décret réglementaire du 2 février 1852. art. 12, Loi du 5 mai 1855, art. 31.)

Sa principale mission est de rédiger le procès-verbal des opérations, dont il donne lecture à la fin de chaque séance.

2. Sa présence à toutes les opérations est aussi indispensable que celle du président ; en cas d'absence momentanée, il doit être remplacé par le plus jeune des assesseurs. (Instruction ministérielle du 30 mai 1857.)

Ouverture du Scrutin. — Réception des Votes.

1. Le président et les assesseurs nomment, à la majorité des voix, le secrétaire, pris parmi les électeurs. Le secrétaire ouvre le procès-verbal (1).

2. L'entrée d'un collège électoral ne peut être permise qu'à ceux qui ont le droit d'y venir voter. (Corps législatif, 19 novembre 1863.)

Elle ne peut être permise même aux candidats

---

(1) Il est donné lecture des dispositions pénales pour délits en matière d'élection.

dans les communes où ils ne sont pas électeurs. (Corps législatif, 11 décembre 1869. Election Charpin-Feugerolles. C. d'Etat, 16 août 1866.)

3. Nul électeur ne peut entrer dans le collége électoral, s'il est porteur d'armes quelconques. (Décret réglementaire du 2 février 1852, art. 20, et loi du 5 mai 1855. art. 30.)

4. Les électeurs sont appelés successivement par ordre alphabétique (1). (Décret réglementaire du 2 février 1852, art. 21, et Loi du 5 mai 1855, art. 38.)

5. Ils apportent leurs bulletins préparés en dehors de l'assemblée (2). (Décret réglementaire du 2 février 1852, art. 21. et Loi du 5 mai 1855, art. 31.)

6. Le papier du bulletin doit être blanc et sans signe extérieur (3). (Décret réglementaire du

---

[1] On doit rejeter le grief de ce que tous les électeurs n'ont pas été simultanément admis dans la salle, si c'est à raison de l'exiguité du local et si un certain nombre d'électeurs ont toujours été présents. [*Conseil d'Etat, 23 juillet* 1853].

[2] La distribution des bulletins n'est interdite que dans la salle de l'assemblée. elle ne l'est pas dans l'escalier conduisant à cette salle. [*Conseil d'Etat, 22 mai* 1861.]

[3] L'apposition des marques extérieures, s'il est reconnu qu'elle n'a pas constitué une manœuvre et qu'elle n'a pas eu

2 février 1852, art. 21, et Loi du 5 mai 1855, art. 31.)

Les votes qui ne seraient pas sur papier blanc ne

---

pour effet de porter atteinte à la liberté ou au secret des votes, n'est pas une cause suffisante de nullité. [Cons. d'Etat, 29 juin, 27 juillet 1853.]

Lorsque la nuance qui distingue les bulletins imprimés d'un candidat des bulletins blancs est assez sensible pour permettre, contrairement aux prescriptions de la loi, de reconnaître les suffrages émis, et qu'un certain nombre est trouvé dans l'urne au moment du dépouillement du scrutin, l'élection doit être annulée. (Conseil d'Etat, 7 juillet 1853.)

La distribution faite aux électeurs, par les soins du maire, de bulletins écrits sur du papier d'une nature particulière, constitue, alors qu'il n'est pas possible de se procurer dans la commune un papier de même nature, une atteinte au secret des votes et entraîne la nullité des opérations électorales. [Conseil d'Etat, 5 mai 1856.]

L'élection pour laquelle des électeurs, en plus ou moins grand nombre, ont fait usage de bulletins portant des signes extérieurs doit être déclarée nulle :

1° Dans le cas où il est positivement établi qu'il y a eu manœuvre ayant pour but de porter atteinte à la liberté du vote et à la sincérité de l'élection. [Conseil d'Etat, 20 juin 1861.]

2° Dans le cas où il est simplement possible que l'irrégularité ait produit un tel effet. [Conseil d'Etat, 25 mai 1861.]

3° Il en est ainsi du cas où les cartes de certains électeurs leur ayant été adressées par le maire avec un bulletin y adhérent au moyen d'un pain à cacheter, la trace de cette adhérence

doivent pas être reçus. Tout bulletin de couleur que présenterait un électeur lui sera remis par le Président ; l'électeur sera libre de sortir pour en écrire ou faire écrire un autre sur papier blanc. Cette observation s'appliquera également aux bulletins portant des signes extérieurs. (Instruction ministérielle du 30 mai 1857.)

7. A l'appel de son nom, l'électeur remet au Président son bulletin fermé. (Décret réglementaire du 2 février 1852, art. 38, et Loi du 5 mai 1855, art. 38.)

Il présente également la carte d'électeur qui lui aura été délivrée par le Maire (1). Un des asses-

---

aurait été constatée sur un certain nombre de bulletins mis dans l'urne. [Conseil d'Etat, 2 juillet 1861.]

3° Et de même si des bulletins, en certaine quantité, ont été écrits sur du papier provenant d'un ancien registre et portent les mêmes signes extérieurs. (Conseil d'Etat, 25 mai 1861, Loudonvielle.)

Mais lorsque l'emploi des bulletins écrits sur du papier non blanc n'a pas constitué une manœuvre et qu'il n'y a pas lieu d'annuler l'élection, ces bulletins ne peuvent être attribués aux candidats dont ils portent les noms, mais ils doivent *entrer en compte* pour fixer le nombre des suffrages exprimés et la majorité absolue. (Conseil d'Etat, 29 juin 1866, Charchilla.)

(1) Les cartes d'électeur, remplies par les soins du maire, sont remises au domicile de chaque électeur. (Circulaires préfectorales des 18 février 1852, 15 juillet 1854, 1er août 1855, 1er juin 1857.)

seurs la prend, en déchire un coin et la rend ensuite à l'électeur, pour qu'il puisse s'en servir au
deuxième tour de scrutin, s'il y a lieu d'y recourir.
(Inst. min. du 30 mai 1857.)

8. L'électeur qui aurait perdu sa carte peut être
admis à voter, après que son identité aura été
constatée par le bureau. (Instruction ministérielle
du 30 mai 1857.)

8. Le président dépose le bulletin de vote qui
lui a été remis dans la boîte du scrutin, laquelle
doit, avant le commencement du vote, avoir été,
(après vérification qu'elle ne contient aucun bulletin) fermée à deux serrures, dont les clefs restent,
l'une entre les mains du Président, l'autre entre
les mains du scrutateur le plus âgé (1). (Décret
réglementaire du 2 février 1852, art. 38, et Loi du
5 mai 1855, art. 38.)

Le Président doit s'assurer que le bulletin de
vote qui lui est remis n'en contient pas d'autres (2).
(Instruction ministérielle du 30 mai 1857.)

_____

(1) Le Conseil d'État déclare nulle l'opération électorale du-
rant laquelle la boîte du scrutin aurait été transportée hors de
la salle d'assemblée pendant quelque temps et placée hors de la
vue des membres du bureau et des électeurs. (Conseil d'État,
27 juillet 1853.)

(2) Lorsque le président, au lieu de se borner à vérifier si

9. Le vote de chaque électeur est constaté sur la liste, en marge de son nom, par la signature ou le paraphe de l'un des membres du bureau (1). (Décret réglementaire du 2 février 1852, art. 23, et Loi du 5 mai 1855, art. 38.)

10. L'appel étant terminé, il est procédé au réappel, par ordre alphabétique, de tous les électeurs qui n'ont pas voté. (Décret réglementaire du 2 février 1852, art. 24, et Loi du 6 mai 1855, art. 38.)

11. Les électeurs qui n'ont répondu ni à l'appel ni au réappel doivent être admis à déposer leurs bulletins jusqu'à l'heure fixée pour la clôture du scrutin.

---

plusieurs bulletins ne sont pas renfermés sous le même pli, ouvre en entier un certain nombre de bulletins, de manière à lire le vote, ce fait constitue une atteinte au secret du vote et entraîne la nullité des opérations. (Conseil d'État, 8 septembre 1861.)

(1) Comme il peut y avoir deux tours de scrutin, on ouvrira deux colonnes en blanc sur la liste destinée à constater les votants et on laissera assez de place pour pratiquer deux émargements successifs.

La communication de la liste sur laquelle sont indiqués, au moyen d'émargements, les électeurs qui ont pris part au vote, peut être refusée à tout électeur ou candidat qui la réclamerait. (Conseil d'État, 28 janvier 1864.)

12. Le Président constate l'heure à laquelle il déclare le scrutin clos.

Dépouillement du Scrutin.

1. Après la clôture du scrutin, il est procédé au dépouillement.

La boîte du scrutin est ouverte et le nombre des bulletins vérifié par les membres du bureau.

Si ce nombre est plus ou moins grand que celui des votants, il en est fait mention au procès-verbal (1). (Décret réglementaire du 2 février 1852, art. 40, et Loi du 5 mai 1855, art. 40.)

2. Après la constatation du nombre des votes,

---

(1) Si le nombre des bulletins excède celui des électeurs qui ont voté, il y a lieu de fixer la majorité d'après le nombre des votants, et non d'après le nombre des bulletins trouvés dans l'urne.

La déduction doit porter aussi sur le nombre de suffrages attribués aux candidats, de façon que les bulletins qui excèdent le nombre de votants ne puissent donner à un candidat la majorité qu'il n'aurait pas obtenue sans la présence irrégulière de ces bulletins. [Conseil d'État, 21 mars 1866; Morby, mai 1866, prime.]

le bureau peut procéder lui-même, et sans l'intervention de scrutateurs adjoints, au dépouillement du scrutin, dans les colléges ou sections où il se sera présenté moins de trois cents votants. (Décret réglementaire du 2 février 1852, art. 28, et Loi du 5 mai 1855, art. 40.)

3. Le bureau, dans tous autres cas, désigne parmi les électeurs présents un certain nombre de scrutateurs sachant lire et écrire, lesquels sont divisés par tables de quatre au moins.

Il surveille les opérations du dépouillement. (Décret réglementaire du 2 février 1852, art. 27 et 29, et Loi du 5 mai 1855, art. 40.)

4. Le président répartit entre les diverses tables les bulletins à vérifier. (Décret réglementaire du 2 février 1852, art. 27.)

Il pourra faire disposer les liasses ou paquets de cent bulletins, attachés ensemble ou enfermés dans une enveloppe, qui seront rangés en ordre devant lui et remis aux scrutateurs de chaque table. (Instruction ministérielle du 30 mai 1857.)

5. A chaque table, l'un des scrutateurs lit chaque bulletin à haute voix et le passe à un autre scrutateur:

Les noms portés sur les bulletins sont relevés

sur des listes préparées à cet effet. (Décret réglementaire du 2 février 1852, art. 27.)

Ces relevés sont faits par les deux autres scrutateurs, qui devront s'avertir mutuellement lorsqu'ils auront noté dix voix données à un même candidat. (Instruction ministérielle du 30 mai 1857.)

6. Quand le dépouillement d'un groupe de bulletins est terminé, un des scrutateurs supplémentaires consigne sur la feuille du dépouillement le nombre de suffrages obtenus par chaque candidat; cette feuille est signée par les scrutateurs supplémentaires.

Ces relevés sont remis au bureau avec les bulletins qui auraient donné lieu à contestation. Lorsque les scrutateurs supplémentaires ne sont pas d'accord sur l'attribution d'un suffrage à tel candidat, ils doivent s'abstenir d'en tenir compte; l'un d'eux écrit en regard du nom douteux : *A vérifier*, et paraphe ainsi que ses collègues; l'attribution de ce suffrage n'est faite que par le bureau, qui statue, les scrutateurs supplémentaires ayant seulement voix consultative. (Instruction ministérielle du 30 mai 1857.)

7. Les scrutateurs apportent au bureau tous les bulletins qui leur ont été remis, tant ceux qui

n'ont donné lieu à aucune difficulté, que ceux dont l'appréciation présenterait des motifs d'incertitude et qui auraient été réservés pour être vérifiés par le bureau. (Id.)

8. Le dépouillement du scrutin doit se faire en présence de l'assemblée (1).

9. Les tables sur lesquelles s'opère le dépouillement du scrutin sont disposées de telle sorte que les électeurs puissent circuler alentour. (Décret réglementaire du 2 février 1852, art. 29.)

Appréciation des Bulletins.

1. Les bulletins sont valables, bien qu'ils portent plus ou moins de noms qu'il y a de nominations à faire. Les derniers noms inscrits au-delà du nombre ne sont pas comptés. (Loi du 5 mai 1855, art. 42, et Instruction ministérielle du 30 mai 1857.)

2. Les bulletins blancs ou illisibles,

---

(1) Lorsqu'il est constaté, et que cette constatation n'est pas démentie par le procès-verbal, que le Président a fait évacuer la salle pendant l'opération du dépouillement, il y a lieu d'annuler les opérations électorales, pour violation des conditions de la publicité. [Conseil d'État, 6 janvier 1837.]

Ceux qui ne contiennent pas une désignation suffisante (1),

Ceux qui contiennent une désignation ou qualification inconstitutionnelle,

Ceux dans lesquels les votants se font con-

---

(1) On ne saurait considérer comme insuffisants les bulletins qui, bien que défectueux sous quelques rapports, ne laissent aucun doute sur la personne qu'on a voulu désigner.

Le Conseil d'État, par divers arrêts, a statué :

1° Que le bulletin portant le nom d'un candidat irrégulièrement écrit doit lui être compté, s'il n'y a point dans l'assemblée d'électeurs portant le nom qui se trouve sur le bulletin. C. d'État, 31 juill. 1849.]

2° Qu'il doit en être de même pour le bulletin qui désigne le candidat par son surnom ou sobriquet, lorsque cette désignation ne peut s'appliquer à un autre électeur. [C. d'État, 17 juin 1835, 8 mai 1841.]

3° Que lorsque le même nom est commun à plusieurs éligibles, mais que l'un d'eux seulement est notoirement candidat, c'est à celui-là seul que doivent être attribués les bulletins portant ce nom, sans autre désignation. [C. d'État, 31 janvier, 26 mars, 16 avril 1856.]

Il convient d'assimiler aux votes contenant une désignation insuffisante, ceux qui portent un nom évidemment dérisoire. [Instruction ministérielle du 30 mai 1857]

4° Lorsque le nom d'un candidat se compose de deux noms réunis, le bulletin ne portant que l'un de ces noms doit lui être attribué, pourvu que ce nom, dans la commune, ne soit pas porté par une autre personne.

naître (1) n'entrent pas en compte dans le résultat
du dépouillement, mais ils sont annexés au procès-
verbal (2). (Décret réglementaire du 2 février 1852,
art. 30, et Loi du 5 mai 1855, art. 42.)

3. Les scrutateurs ne doivent pas donner lecture
des observations ou des injures qui accompagne-
raient les noms des candidats, ni les mentionner
sur les feuilles de dépouillement.

4. Lorsque deux bulletins pliés ensemble sont
trouvés dans l'urne, ces bulletins, s'ils contiennent
des noms différents, doivent être annulés; il ne
peut être fait attribution ni de l'un ni de l'autre à
aucun candidat. (Conseil d'État, 7 avril 1866,
Longpré.)

Si les deux bulletins étaient absolument iden-

---

(1) Si des bulletins portent le nom d'une *femme* et si l'instruction ne constate pas que le vote ainsi exprimé ait été pour
l'électeur un moyen de se faire connaître, les autres noms figu-
rant sur ces bulletins doivent être comptés aux candidats qu'ils
désignent. [*Conseil d'État, 11 décembre 1856.*]

(2) Lorsque des bulletins en nombre suffisant pour modifier
les résultats ont été annulés par le bureau comme ne contenant
pas une désignation suffisante et n'ont pas été annexés au procès-verbal, les opérations électorales, dont le résultat aurait pu
être modifié par ces bulletins, doivent être annulées. [*Conseil
d'État, 15 mai 1861.*]

tiques, il y aurait lieu de tenir compte de l'un
d'eux, et de détruire l'autre immédiatement.
(Instruction ministérielle du 30 mai 1857, Conseil
d'État, 16 mai 1866, Varetz.)

Incinération des bulletins non réservés.

Tous les bulletins autres que ceux qui, conformément aux articles 16 et 30 du décret réglementaire du 2 février 1852, 34 et 42 de la loi du 5 mai
1855, doivent être annexés au procès-verbal, sont
brûlés en présence des électeurs, après le dépouillement du scrutin. (Décret réglementaire du 2 février 1852, art. 31, et Loi du 5 mai 1855, art. 42.)

Majorité exigée.

PREMIER TOUR DE SCRUTIN (1).

Nul n'est élu au premier tour de scrutin s'il n'a

---

(1) Le scrutin ne peut être fermé qu'après avoir été ouvert
pendant trois heures au moins.

Il peut être ouvert à six heures du matin.

Dans aucun cas il ne doit se prolonger au-delà de six heures
du soir. — Voir page 40.

réuni : 1° la majorité absolue des suffrages exprimés ; 2° un nombre de suffrages égal au quart des électeurs inscrits. (Décret du 2 février 1852, art. 6 et Lois des 7 juillet 1852, art. 5, et 5 mai 1855, art. 44.)

SECOND TOUR DE SCRUTIN.

Au deuxième tour de scrutin, l'élection a lieu à la majorité relative, quel que soit le nombre des votants.

Si plusieurs candidats obtiennent le même nombre de suffrages, l'élection est acquise au plus âgé. (Décret du 2 février 1852. art 6, et Lois des 7 juillet 1852, art. 4, et 5 mai 1855, art. 44.)

Proclamation du résultat du scrutin et recensement général des votes.

1. Immédiatement après le dépouillement, le résultat du scrutin est proclamé par le président. (Décret du 2 février 1852, art. 31, et Loi du 5 mai 1855, art. 43.)

2. Pour les collèges divisés en plusieurs sections, le dépouillement du scrutin se fait dans chaque section. Le résultat, signé par le bureau, est porté par le président au bureau de la première

section, qui, en présence des Présidents des autres sections, opère le recensement général des votes et en proclame le résultat. (Décret du 2 février 1852, art. 32.)

Le bureau central n'a pas à revenir sur les attributions de bulletins faites par les sections; il fait le recensement d'après les procès-verbaux, proclame le résultat des votes et en dresse un procès-verbal en double. (Instruction ministérielle du 30 mai 1857.)

Procès-verbal.

1. Le procès-verbal des opérations électorales est dressé par le secrétaire, en double exemplaire (1).

---

(1) La loi exige la constatation par un procès-verbal de l'accomplissement des *formalités substantielles*, c'est-à-dire de celles que la loi prescrit à peine de *nullité*, et dont l'absence constitue non une simple irrégularité, mais un vice qui détruit la substance même de l'élection et l'empêche de subsister. Si par suite de trouble apporté lors de la clôture des opérations et après le dépouillement du scrutin il n'a pas été rédigé de procès-verbal, il y a lieu d'annuler l'élection. (*Conseil de préfecture, Seine-Inférieure, 26 août 1865, Saint-Ouen-du-Breuil.*)

Des certificats d'électeurs ne sauraient prévaloir contre l'autorité qui doit être attachée aux énonciations du procès-verbal. [*Conseil d'État, 26 juillet 1866, Pisieu.*]

Ces deux exemplaires sont signés par lui et les membres du bureau.

L'un d'eux reste déposé au secrétariat de la mairie ; l'autre est transmis au Sous-Préfet de l'arrondissement qui le fait parvenir au Préfet (1). (Décret du 2 février 1852, art. 33, et Loi du 5 mai 1855, art. 43.)

2. L'irrégularité provenant de ce que le procès-verbal n'a pas été rédigé et signé le jour même de l'élection, n'est pas de nature à faire prononcer la nullité des opérations électorales, lorsqu'il n'est pas allégué que les énonciations de ce procès-verbal soient inexactes ou erronées. (Conseil d'Etat, 10 septembre 1856, 11 et 18 juillet 1866.)

Formalités essentielles qui devront être mentionnées dans les procès-verbaux des assemblées électorales.

1° Le procès-verbal devra mentionner les noms

---

(1) A l'envoi du procès-verbal la législation prescrit de joindre :

1° Les bulletins qui ont donné lieu à des difficultés ;

2° La feuille d'inscription des votants ;

3° Les réclamations présentées au cours des opérations ou qui seraient présentées après leur clôture

des président et assesseurs et le titre à raison duquel ils remplissent ces fonctions.

Il relatera la nomination du secrétaire ;

2° L'heure d'ouverture et l'heure de levée de la séance ;

3° Les pièces déposées sur le bureau ;

4° Mention y sera faite que les électeurs ont été introduits et appelés à voter successivement par ordre alphabétique ;

5° Que le réappel a eu lieu ;

6° Que les bulletins ont été remis entièrement fermés au Président, et qu'il s'est assuré que chaque pli ne contenait qu'un seul bulletin ;

7° Qu'un des membres du bureau a constaté le vote de chaque électeur, en inscrivant son nom ou son paraphe en regard du nom du votant (1) ;

8° Le bureau devra inscrire au procès-verbal le nombre des bulletins retirés de la boîte, et en regard le nombre des électeurs inscrits sur les listes du collége ou de la section ;

9° Il convient que les noms des scrutateurs sup-

_____

(1) La communication de la liste sur laquelle sont indiqués, au moyen d'émargements, les électeurs qui ont pris part au vote, peut être refusée à tout électeur ou candidat qui la réclame. [*Conseil d'État. 28 janvier 1864.*]

plémentaires, désignés par le bureau pour le dépouillement des votes, y soient insérés ;

10° Le procès-verbal mentionnera la remise au bureau, par les divers groupes de scrutateurs supplémentaires, des feuilles de dépouillement et des bulletins contestés ;

11° Il constatera également l'incinération des bulletins qui n'auront pas donné lieu à difficulté ;

12° Le bureau relatera le nombre des bulletins qu'il aura cru devoir annexer au procès-verbal (1), en indiquant au dos de ces bulletins, ou sur papier y annexé, les attributions qu'il aura données aux inscriptions douteuses ;

13° Il devra aussi constater que des lecteurs ont été admis dans la salle pour assister au dépouillement du scrutin ;

14° Que trois membres au moins ont été présents au bureau ;

_____

(1) Les articles 16 et 30 du décret réglementaire, 34 et 42 de la loi du 5 mai 1855, indiquent les bulletins à annexer au procès-verbal.

Lorsque des bulletins en nombre suffisant pour modifier les résultats ont été annulés par le bureau comme ne contenant pas une désignation suffisante et n'ont pas été annexés au procès-verbal, les opérations électorales dont le résultat aurait pu être modifié par ces bulletins doivent être annulées. [*Conseil d'État*, *25 mai 1861.*]

15° Il relatera, selon l'ordre décroissant, le nombre des suffrages obtenus pour chaque candidat, tant par suite du dépouillement opéré par les scrutateurs supplémentaires qu'en vertu des décisions du bureau sur les bulletins douteux ;

16° Il fera mention de la lecture dudit procès-verbal.

Si le collège est partagé en sections, le bureau de la première section dressera un procès-verbal du recensement des votes du collège, qui sera signé par les membres présents des divers bureaux.

Tous ces procès-verbaux seront en double expédition. (Instruction ministérielle du 30 mai 1857.)

Durée du mandat des Conseils municipaux.

ART. 8. — Les Conseils municipaux nommés resteront en fonctions jusqu'à la promulgation de la loi organique sur les municipalités. Néanmoins, la durée de ces fonctions ne pourra excéder trois ans. Dans l'intervalle, on ne procédera à de nouvelles élections que si le nombre des conseillers

avait été réduit de plus d'un quart. Toutefois, dans les communes divisées en sections
ou arrondissements, il y aura lieu à faire
des élections nouvelles toutes les fois que,
par suite de décès ou perte des droits politiques, la section n'aurait plus aucun représentant dans le conseil.

Nomination des Maires et Adjoints.

ART. 9. — Le conseil municipal élira le
maire et les adjoints parmi ses membres,
au scrutin secret et à la majorité absolue.
Si, après deux scrutins, aucun candidat
n'a obtenu la majorité, il sera procédé à
un tour de ballotage entre les deux candidats qui ont obtenu le plus de suffrages.
En cas d'égalité de suffrages, le plus âgé
sera nommé.

Les maires et les adjoints, ainsi nommés,
seront révocables par décret.

Les maires destitués ne seront pas rééli-
gibles pendant une année.

La nomination des maires et adjoints

aura lieu provisoirement, par décret du gouvernement, dans les villes de plus de 20,000 âmes et dans les chefs-lieux de département et d'arrondissement, quelle qu'en soit la population. Les maires seront pris dans le conseil municipal.

Avant de procéder à la nomination des maires, il sera pourvu aux vacances existant dans le conseil municipal.

Il y a un adjoint dans les communes de 2,500 habitants et au-dessous ; deux dans celles de 2,501 à 10,000 habitants. Dans les communes d'une population supérieure, il pourra être nommé un adjoint de plus par chaque excédant de 20,000 habitants. (Loi du 5 mai 1855, art. 3.)

Ne peuvent être ni Maires ni Adjoints :

1° Les Préfets, Sous-Préfets, Secrétaires généraux et Conseillers de préfecture;

2° Les membres des cours, des tribunaux de première instance et des justices de paix (1);

---

(1) Les greffiers sont-ils compris parmi les membres des cours, tribunaux de première instance et des justices de paix qui sont exclus des fonctions de maire et adjoint?

L'affirmation résulte de la discussion de la loi du 31 mai 1853

3° Les Ministres des cultes;

4° Les militaires et employés des armées de terre et de mer en activité de service ou en disponibilité (1);

5° Les Ingénieurs des ponts et chaussées et des mines en activité de service, les conducteurs des ponts et chaussées et les agents voyers;

6° Les agents et employés des administrations financières et des forêts, ainsi que les gardes des établissements publics et des particuliers;

7° Les commissaires et agents de police;

8° Les fonctionnaires et employés des collèges communaux, et les instituteurs primaires communaux ou libres;

9° Les comptables et les fermiers des revenus communaux, et les agents salariés par la commune.

---

dont la disposition a été reproduite par la loi de 1835. Les greffiers sont d'ailleurs compris dans la nomenclature des membres des cours et tribunaux, par les lois et décrets suivants: 28 septembre 1807, 20 avril, 6 juillet, 18 août 1810.

(1) La loi du 19 mai 1834 a défini les diverses positions de l'officier : *Activité, disponibilité, non activité, réforme, retraite.* L'exclusion ne comprend que les militaires placés dans les deux premières positions.

Néanmoins les juges suppléants aux tribunaux de première instance et les suppléants de juges de paix peuvent être Maires ou Adjoints.

Les agents salariés du Maire ne peuvent être ses adjoints (1).

Il y a incompatibilité entre les fonctions de Maire et d'Adjoint et le service de la garde nationale. (Loi du 5 mai 1855, art. 5.)

Conseil Municipal de Paris.

Art. 10. Les vingt arrondissements de la ville de Paris nomment chacun quatre membres du Conseil municipal.

Ces quatre membres seront élus, par scrutin individuel, à la majorité absolue, à raison d'un membre par quartier (2).

Art. 11. Le Conseil municipal de Paris tiendra, comme les Conseils des autres

---

(1) Les agents salariés du maire, sont les régisseurs, intendants, chefs et contremaîtres de fabrique, etc.

(2) C'est la reproduction du système américain et aussi de celui appliqué à toute la France et accordant à chaque canton un représentant, quelle que soit la population de ce canton.

communes, quatre sessions ordinaires, dont la durée ne pourra pas excéder dix jours, sauf la session ordinaire où le budget ordinaire sera discuté, et qui pourra durer six semaines.

Art. 12. Au commencement de chaque session ordinaire, le Conseil nommera, au scrutin secret et à la majorité, son président, ses vice-présidents et ses secrétaires. Pour les sessions extraordinaires qui seront tenues dans l'intervalle, on maintiendra le bureau de la dernière session ordinaire.

Art. 13. Le préfet de la Seine et le préfet de police ont entrée au Conseil.

Ils sont entendus toutes les fois qu'ils le demandent.

Art. 14. Le Conseil municipal de Paris ne pourra s'occuper, à peine de nullité de ses délibérations, que des matières d'administration communale, telles qu'elles sont déterminées par les lois en vigueur sur les attributions municipales.

En cas d'infraction, l'annulation sera pro-

noncée par décret du chef du pouvoir exécutif.

Art. 15. Les incapacités et incompatibilités établies par l'article 5 de la loi du
22 juin 1833 sur les Conseils généraux sont
applicables aux Conseils municipaux de
Paris, indépendamment de celles qui sont
établies par la loi en vigueur sur l'organisation municipale. (*Voir* page 26.)

EXTRAIT DE LA LOI DU 22 JUIN 1833.

Ne peuvent être nommés membres des Conseils
généraux :

1° Les Préfets, Sous-Préfets, Secrétaires généraux et Conseillers de préfectures ;

2° Les agents et comptables employés à la re-
cette, à la perception ou au recouvrement des contributions, et au paiement des dépenses publiques
de toute nature (1) ;

_____

(1) Cet article s'applique :
Aux receveurs de l'enregistrement. [*Ordonnance 6 juin
1834.*]

3° Les ingénieurs des ponts et chaussées et les architectes actuellement employés par l'administration dans le département ;

4° Les agents forestiers en fonction dans le département et les employés de bureau des Préfectures et Sous-Préfectures (1). (Loi du 22 juin 1833, art. 5.)

Nomination des Maires et Adjoints de Paris.

Art. 16. Il y a un Maire et trois Adjoints pour chacun des vingt arrondissements; ils

---

Aux conservateurs des hypothèques. [*Ordonnance 7 août 1843.*]

Aux entreposeurs des tabacs. [*Ordonnance 19 juillet 1843.*]

L'application de l'incompatibilité aux receveurs des établissements de bienfaisance, ainsi qu'aux directeurs et contrôleurs des contributions directes, a été contestée vivement; voir pour : arrêts de la Cour de Bourges, 26 décembre 1833; Cour de Bordeaux, 27 janvier 1834; Orléans, 28 mars 1840; Cour de Cassation, 30 juin 1841. Voir contre : Ordonnances 13 août 1840; ordonnance 31 juillet 1843.

(1) L'incompatibilité prononcée à l'égard des employés de Préfecture et Sous-Préfecture ne doit s'appliquer qu'au département où ils exercent leur emploi. [*Ordonnance 28 novembre 1834.*]

sont choisis par le chef du pouvoir exécutif de la République.

Les Maires d'arrondissement n'auront d'autres attributions que celles qui leur sont expressément conférées par les lois spéciales.

Art. 17. Il y a incompatibilité entre les fonctions de Maire ou d'Adjoint d'arrondissement et celles de Conseiller municipal de la ville de Paris.

Réclamations contre les Opérations électorales.

1. Tout membre de l'assemblée électorale a le droit d'arguer les opérations de nullité (1).

Si sa réclamation n'a pas été consignée au procès-verbal, elle est déposée (2) :

---

(1) Un candidat, bien qu'il ne soit pas électeur dans la circonscription où il se présentait, est recevable à protester contre les opérations électorales de cette circonscription. [*Conseil d'État*, *13 juin 1862*, *20 juin 1865*.]

(2) Le réclamant peut, se fondant sur l'article 52 de la loi du 21 mars 1831, exiger récépissé de sa réclamation.

Au Secrétariat de la Mairie, à la Sous-Préfecture ou à la Préfecture.

Le délai imparti, à peine de déchéance, est de cinq jours. (Loi des 22 juin 1833, art. 51, et 5 mai 1855. art. 45.)

2. La loi n'a pas distingué, pour l'accomplissement de cette condition, entre les réclamations qui sont dirigées contre les opérations électorales envisagées en elles-mêmes, et celles qui sont fondées sur l'incapacité légale de l'élu (1). (Cassation,

---

(1) Une réclamation présentée après l'expiration du délai, contre l'élection au Conseil municipal de deux parents au degré prohibé, par deux sections différentes, doit être déclarée non recevable par le Conseil de Préfecture, qui doit s'abstenir de statuer au fond; d'où la conséquence que, malgré la parenté au degré prohibé, ni l'une ni l'autre des deux nominations ne serait annulée. [*Conseil d'Etat, 22 mai 1861.*]

Même motif de décider sur une réclamation présentée après le délai et fondée sur ce qu'un membre du Conseil général n'avait pas de domicile dans le département et n'y payait pas de contributions. [*Conseil d'Etat, 31 mai 1866, La Teste.*]

Même solution sur une réclamation présentée après le délai et se fondant sur ce qu'un membre du Conseil municipal n'avait pas la qualité de Français. [*Conseil d'Etat, 10 avril 1865.*]

La Cour de Cassation, par son arrêt du 22 août 1866, a abandonné sa jurisprudence antérieure pour se ranger à celle du Conseil d'Etat. Elle avait décidé précédemment que l'action en nullité d'une élection au Conseil général pour incapacité légale

22 août 1866, Conseil d'Etat, 8 août 1865,
10 avril et 31 mai 1866.)

3. Si une protestation complémentaire formée
par les mêmes électeurs qui en ont déjà déposé une
dans le délai légal (1) contient des faits nouveaux

---

de l'élu constituait une *réclamation judiciaire* non assujettie
au délai de cinq jours, qui ne concernait que l'*action administrative* en nullité des opérations de l'assemblée électorale. Par
son nouvel arrêt, la Cour reconnaît que la nullité d'une élection
ne peut être poursuivie que devant le Conseil de préfecture, et
doit être demandée dans le délai de cinq jours, fixé par la loi,
quel que soit le moyen invoqué à l'appui de la réclamation,
alors même qu'elle serait fondée sur l'incapacité légale de l'élu,
sauf à la juridiction administrative à renvoyer cette question de
capacité à l'autorité judiciaire et à surseoir, jusqu'à sa solution,
au jugement de la demande en nullité de l'élection, dont elle
seule peut être complétement saisie.

(1) Une réclamation parvenue à la Préfecture plus de cinq
jours après les opérations ne peut être rejetée, s'il est constaté
par certificat du Maire qu'un double a été déposé à la Mairie
dans les délais. [*Conseil d'Etat, 6 mai 1836.*]

Ce délai, sous l'empire de la loi de 1855, comptait de la
proclamation des candidats, ensuite du recensement général des
votes, quand même plus de cinq jours se seraient écoulés depuis
les opérations électorales. [*Conseil d'Etat, 25 avril 1866,*
Nancy.]

Le Conseil d'Etat a jugé que ce délai de cinq jours n'était pas
un délai franc, non compris le jour où les élections ont été terminées et celui où la réclamation est formée. Dans l'espèce, récla-

et est présentée après l'expiration de ce délai, elle
doit être rejetée comme tardivement présentée.
(Conseil d'Etat, 27 janvier 1855, Servian;
7 avril 1866, Maxéville.)

4. Le Préfet, s'il estime que les conditions et les
formes légalement prescrites n'ont pas été accom-
plies, peut, dans le délai de quinze jours, à dater
de la réception du procès-verbal, déférer les opérations au Conseil de préfecture. (Lois des 22 juin
1833, art. 50, et 5 mai 1855, art. 46.)

5. Il est statué par le Conseil de préfecture, sauf
recours au Conseil d'État. (Ibidem.)

6. Le Conseil ne peut se saisir de griefs qui n'ont
pas été relevés par les protestations ou déférés
par le Préfet. (Conseil d'État, 27 janvier 1865,
Servian.)

7. Si le Conseil de préfecture n'a pas statué dans
le délai d'un mois à compter de la réception des piè-

---

mation contre des élections terminées le 13, déclarée non recevable comme formée le 19. [Conseil d'État, 27 mai 1857,
Saint-Laurent-d'Olt; 16 mai 1866, Mandray.]

On ne peut se pourvoir par une protestation déposée dans les
cinq jours du deuxième tour de scrutin contre les opérations
d'un premier tour de scrutin qui a eu lieu à la huitaine précédente. [Conseil d'État, 7 avril 1866, Hospirat Reynat.]

ces à la préfecture, la réclamation est considérée comme rejetée. (Lois des 22 juin 1833, art. 50, et 5 mai 1855, art. 46.)

Les auteurs de la protestation sont recevables à la porter devant le Conseil d'État. (Conseil d'État, 14 mai 1856.)

Lors même que le Conseil aurait, dans le délai d'un mois, prescrit une enquête, si sa décision définitive avait été retardée au-delà de ce délai, le recours devant le Conseil d'État n'en serait pas moins ouvert. Si le Conseil statuait au-delà du terme légal, sa décision devrait être considérée comme non avenue, et les élections qu'il aurait annulées resteraient valables (Conseil d'État, 2 novembre 1832, 18 février 1836, 3, 11, 25 août, 28 décembre 1849, 14 mai 1856, 7 janvier 1857, 16 mars 1859.)

8. C'est par la voie de recours direct devant le Conseil d'État et non par voie d'opposition devant le Conseil de préfecture, que doit être attaqué l'arrêté par lequel ce Conseil a statué, après l'expiration du délai. Dès lors, le Conseil de préfecture excède ses pouvoirs en admettant l'opposition à un pareil arrêté, et en y faisant droit.

9. Les décisions du Conseil de préfecture ne peuvent pas être attaquées par la voie de la tierce-opposition, (Conseil d'État, 6 mai 1836, Aix.).

10. La compétence du Conseil de préfecture s'applique uniquement aux opérations électorales en elles-mêmes, aux opérations qui ont lieu dans le sein du collège électoral (1).

11. Si une réclamation implique la solution préjudicielle d'une question d'état (2), le Conseil de préfecture renvoie les parties à se pourvoir devant les juges compétents, et fixe un bref délai dans lequel la partie qui aura élevé la question préjudicielle doit justifier de ses diligences. (Loi du 5 mai 1855, art. 47.)

---

(1) Il ne peut connaître des contestations relatives à la confection des listes, qui sont déférées par la loi à la commission municipale en premier ressort, et par appel au juge de paix.

Il ne peut non plus connaître de la décision prise par le Préfet, pour fixer les sections. C'est un acte purement administratif qui ne peut être attaqué que devant le Ministre de l'intérieur.

Il n'est pas compétent pour connaître de l'acte par lequel le Maire refuse de procéder à l'installation en qualité de membre du Conseil municipal d'un candidat proclamé sans contestation par le bureau, à la suite des opérations électorales, et installe à sa place un nouveau candidat que le bureau avait écarté. (Conseil d'État, 14 janvier 1867, Chapelle Gonaguet.)

(2) C'est aux auteurs de la protestation qu'incombe l'obligation de porter devant le tribunal compétent la question préjudicielle d'état. (Conseil d'État, 9 juillet 1856, Louze.)

Au cas où le délai d'un mois, dans lequel le Conseil est tenu de statuer, est expiré, c'est par le Conseil d'État qu'il devra être statué sur la validité de l'élection, après que les tribunaux auront prononcé sur les questions qui leur sont renvoyées. (Conseil d'État, 27 février 1866. El. de Toulon.)

12. Le recours au Conseil d'État est ouvert, soit au Préfet, soit aux parties intéressées (1), dans le délai de trois mois. (Loi du 5 mai 1855, art. 45 et 46.)

Ce délai commence du jour où il est établi que les parties ont eu connaissance de la décision du Conseil de préfecture, par une signification régulière ou par tout autre mode équivalent.

La notification, quoiqu'elle n'ait été faite qu'à l'un des signataires de la protestation, fait courir le délai du pourvoi contre tous les signataires. (Conseil d'État, 10 janvier 1862.)

13. La requête par laquelle on forme un recours contre la décision du Conseil de préfecture doit être parvenue au secrétariat général du Conseil d'État, avant l'expiration du délai fixé par la loi.

_____

(1) Le recours ne peut être exercé que par les personnes qui étaient parties dans l'arrêté du Conseil de préfecture.

Il ne peut y être suppléé par une signification faite, soit au Ministre de l'Intérieur, soit au Préfet. (Conseil d'État, 10 septembre 1835.)

14. Le recours au Conseil d'État est jugé sans frais. (Lois des 22 juin 1833, art. 53, et 5 mai 1855, art. 45.)

Il n'y a pas lieu, par suite, d'exiger que le recours soit signé d'un avocat aux Conseils.

Le droit de se pourvoir sans frais est essentiellement personnel ; en conséquence, les parties, si elles ne se pourvoient personnellement, ne peuvent se faire représenter par un mandataire autre qu'un avocat aux Conseils.

15. Le recours au Conseil d'État n'a pas d'effet suspensif : le Préfet peut donc convoquer l'assemblée électorale après que l'annulation des élections a été prononcée par le Conseil de préfecture. (Conseil d'État, 19 mai 1866, Leyme ; 1er juin 1866, Mouzon.)

16. La nouvelle convocation, prescrite en conséquence d'une annulation, donne lieu à une élection tout à fait indépendante de la première. (Conseil d'État, 30 mai 1866, Larroque ; 3 juillet 1866, Saint-Médard.)

Ainsi, dans le cas où l'annulation ne porterait

que sur le second tour de scrutin, l'élection nouvelle doit être complète, c'est-à-dire avec deux
tours de scrutin, si le candidat ou les candidats ne
réunissent pas au premier la majorité prescrite par
l'article 4 de la loi du 7 juillet 1852, et l'article
4 de la loi du 5 mai 1855.

17. L'annulation des opérations de premier
tour de scrutin entraîne celle du second tour, par
voie de conséquence. (Conseil d'État, 3 juillet
1866, Livron; 10 juillet 1866, Nozeyrolles.)

Attributions municipales.

ART. 18.—Provisoirement, et en attendant
que l'Assemblée nationale ait statué sur ces
matières, continueront à être observées les
lois actuellement en vigueur sur l'organisation et les attributions municipales dans
celles de leurs dispositions qui ne sont pas
contraires à la présente loi.

Gratuité des fonctions municipales.

ART. 19.—Les fonctions de maire, d'adjoints et conseillers municipaux sont essentiellement gratuites.

Organisation municipale de l'Algérie.

Art. 20. — Les décrets des 27 décembre 1866 et janvier 1867 restent en vigueur pour l'Algérie.

PROFESSION DE FOI, BULLETINS DE VOTE.

SECTION PREMIÈRE.

Impression, déclaration, dépôt.

1. Les dispositions des articles 14, 15, 16, 17 de la loi du 21 octobre 1814, relatives à la déclaration et au dépôt préalables des écrits ou ouvrages imprimés, et à l'indication sur chaque exemplaire du nom et de la demeure de l'imprimeur, sont générales et absolues. Le peu d'étendue d'un écrit ne peut être un motif pour dispenser l'imprimeur de ses obligations, alors que l'écrit, au lieu de se rapporter à des faits ou à des intérêts purement privés et de famille, touche à des intérêts d'administration, de police ou de politique.

2. Spécialement les circulaires et professions

de foi électorales sont soumises aux formalités prescrites par ces articles. (Cassation, 18 décembre 1863, Gounouilhou.)

Il en est de même des bulletins (1) de vote imprimés. (Cassation, 11 janvier 1856.)

On prétendait à tort que la loi de 1814, en parlant des ouvrages ou écrits, n'a voulu désigner que les compositions exprimant une production de l'esprit. (Même arrêt.)

3. Les affiches contenant les circulaires et professions de foi doivent être imprimées sur papier de couleur ; les affiches émanées de l'autorité publique peuvent seules être imprimées sur papier blanc. (Décret du 28 juillet 1791, et Lois des 28 avril 1816, 25 mars 1817 et 15 mai 1818.)

4. Le papier des écrits destinés à être distribués peut être blanc ou de toute autre couleur.

(1) Nous reproduisons le considérant de cet arrêt :
Attendu que le bulletin électoral a un caractère évidemment politique et d'intérêt public; que le décret organique du 2 février 1854 sur les élections et la loi du 5 mai 1855 sur l'organisation municipale donnent la désignation de ceux qui sont déclarés indignes d'être élus; que puisque le législateur a cru devoir prendre des précautions et des mesures contre l'indignité de certaines candidatures, il importe que l'administration puisse porter la surveillance sur l'impression des bulletins électoraux.

5. Les professions de foi, circulaires distribuées, ne sont pas soumises au timbre. (Circulaires du Ministre des finances des 9 août 1857 et 29 janvier 1859. Corps législatif, 5 mars 1868.)

6. Les affiches électorales d'un candidat (1), contenant sa profession de foi, une circulaire signée de lui, ou seulement son nom, sont affranchies du timbre. (Loi sur la presse, 11 mai 1868, art. 3.)

SECTION DEUXIEME.

Distribution.

7. Pendant les vingt jours qui précèdent l'élection, les circulaires et professions de foi peuvent, après

---

(1) Il faut bien fixer le sens et la portée d'une affiche électorale. Dans la pensée de la commission, l'affiche électorale est la manifestation personnelle du candidat. Il pourra, en conséquence, faire afficher son nom, sa circulaire et sa profession de foi sans être soumis à la nécessité de payer le timbre. Mais la commission n'affranchit pas du timbre, des affiches émanées d'un tiers, d'un auxiliaire, d'un ami qui viendrait soutenir la candidature de son choix. En dehors de la personnalité du candidat, l'affiche qui n'émane pas du candidat reste soumise à la législation actuelle et par conséquent au timbre. (*Rapport de M. Nogent-Saint-Laurens. Corps législatif. 5 mars 1868.*)

dépôt au parquet du procureur impérial, être affichées et distribuées sans qu'il soit besoin d'autorisation. (Loi du 16 juillet 1850, art. 10.)

8. Le bulletin de vote (1), portant le nom du candidat, est une annexe naturelle de la circulaire, et peut être librement distribué avec elle. (Instructions ministérielles des 14 avril 1856 et) 28 janvier 1865.)

9. Un bulletin peut même, s'il fait connaître, avec les noms des candidats, l'élection à laquelle il est destiné, être considéré comme une manifestation de candidature et profiter, à ce titre, des franchises spéciales créées par la loi de 1850, pourvu qu'il réunisse les conditions exigées par la profession de foi ou circulaire, c'est-à-dire que l'exemplaire qui doit en tenir lieu soit signé du candidat ou de tous

---

(1) L'administration des postes considère comme ne formant ensemble qu'un seul et même exemplaire les bulletins de vote, *réunis sur une même feuille*, qu'ils soient accompagnés ou non d'une circulaire électorale, s'ils sont d'ailleurs placés sous la même bande à l'adresse d'un seul destinataire..

Dans ces conditions, le port à percevoir sera fixé uniquement d'après le poids total du paquet, mais toujours sur la base déterminée par l'article 4 de la loi du 25 juin 1856, soit un centime par 5 grammes jusqu'à cinquante grammes et 10 centimes de 50 grammes à 100. (Décision du Ministre des Finances, 24 avril 1869.)

les candidats qui y sont portés et soit déposé au parquet avant toute distribution. (Cassation, 30 janvier 1857 et 11 juillet 1862)

10. Le droit de l'électeur, quant à la distribution des bulletins de vote, n'est pas autre que celui du candidat lui-même et ne peut s'exercer qu'aux mêmes conditions (1). (Même arrêt du 30 janvier 1857.)

---

(1) Autrement les obligations imposées au candidat pour cette distribution seraient illusoires, puisqu'il trouverait toujours dans la complaisance d'un électeur le moyen de s'en affranchir. C'est surtout sous l'empire du suffrage universel qu'il importe de veiller à ce que l'élection soit l'expression fidèle de la volonté de tous ceux qui y prennent part et non l'œuvre d'individus sans mission et sans responsabilité. (Cassation, 30 janvier 1855.)

Le droit de l'électeur est à l'abri de tout contrôle quand il dépose son vote. Dès qu'il veut distribuer des bulletins, dès qu'il intervient ainsi dans le choix et dans le vote des autres électeurs, il rencontre les limites où commencent les exigences de la sécurité publique. Comment ne serait-il pas soumis alors aux conditions imposées à la distribution des écrits électoraux le plus favorisés ? C'est bien le moins que celui qui, au lieu de se borner à exercer le vote qui lui appartient, entreprend de diriger et d'appuyer une candidature, présente à la bonne foi des électeurs et à la sincérité des élections les mêmes garanties qui sont exigées du candidat lui-même, et qu'il n'ait pas le droit de propager et d'accréditer sans mandat, sans contrôle, sans res-

11. Les dispositions de la loi du 16 juillet 1850, art. 10, sont applicables même aux élections municipales (1). (Cassation, 30 janvier 1857.)

pousabilité, les candidatures factices et peut-être désavouées. (Conclusions de M. de Royer, procureur général ; arrêt conforme du 30 janvier 1857.)

(1) S'il s'agit d'élections municipales, comme dans le procès qui vous est soumis, l'application de l'article 10 de la loi du 16 juillet 1850 à cet ordre d'élection a pu présenter quelque incertitude. Cet article a succédé à la loi du 21 avril 1849, qui n'avait en vue que les élections générales. Cependant, à la différence de l'article 2 de cette loi, le texte de l'article 10 de la loi de 1850 ne parle plus d'élections générales, il ne détermine aucun genre d'élection. On peut donc dire qu'il a établi une disposition complète, qu'il l'a inscrite sans réserve et que c'est là une de ces règles qui, une fois déposées dans une loi, y passent à l'état de principes et réfléchissent favorablement sur tous les faits identiques ou analogues. Ce point admis, il faut reconnaître que les élections municipales se faisant au scrutin de liste, la situation n'est plus la même, et qu'il se présente là une difficulté pratique que ne comportent plus les élections politiques. Les candidats aux élections municipales font rarement, sinon jamais, des professions de foi. Dans tous les cas, la profession de foi, régulièrement déposée, d'un des candidats portés sur la liste, ne saurait faire profiter la distribution des noms des autres candidats de la dispense d'autorisation qu'elle lui aurait personnellement assurée. Mais l'esprit de la loi fournit bientôt une solution simple et facile. En pareil cas, les candidatures se manifestent et se posent par la liste même qu'il s'agit de distribuer. La for-

12. Tout distributeur de circulaires ou bulletins déposés au parquet, conformément à la loi du 16 juillet 1850, doit être porteur de la justification de ce dépôt. (Conseil d'Etat; élections départementales d'Eu, 11 avril 1862.)

13. Le dépôt, fait en conséquence des dispositions de la loi du 16 juillet 1850, doit avoir lieu :

Pour les élections communales, départementales et d'arrondissement, au parquet du procureur impérial de l'arrondissement ;

Pour les élections législatives, au parquet du chef-lieu d'arrondissement si la circonscription électorale ne comprend qu'un arrondissement, et si elle en comprend plusieurs, au parquet de chacun des arrondissements compris dans cette circonscription.

14. Quant aux listes et bulletins de vote à l'égard desquels les formalités prescrites par l'ar-

---

malité exigée pour les circulaires et professions de foi pourra être remplie pour cette liste, qui deviendra ainsi, aux yeux mêmes de la loi, la manifestation de candidature qu'elle a entendu favoriser et affranchir. Il suffira pour cela qu'un exemplaire de cette liste, réunissant les signatures originales de chacun des candidats, ait été déposé au parquet. [*Conclusions de M. de Royer, procureur général, arrêt du 30 janvier 1857.*]

ticle 10 de la loi du 16 juillet 1850 n'ont pas été remplies et qui ne se rattachent à aucune circulaire ou profession de foi déposées, ils demeurent soumis à la disposition générale de la loi du 27 juillet 1849, art. 6 (1). (Cassation, 11 juillet 1862; Circulaire du 28 juin 1865.)

Tous distributeurs ou colporteurs de livres, *écrits*, brochures, gravures et lithographies, devront être pourvus d'une autorisation qui leur sera délivrée : pour le département de la Seine, par le Préfet de police, et pour les autres départements, par les Préfets. Ces autorisations pourront toujours être retirées par les autorités qui les auront délivrées. (Loi du 27 juillet 1849, art. 6.)

15. Dans la loi du 27 juillet 1849 comme dans

(1) Attendu qu'il avait été proposé, pendant la discussion de la loi du 27 juillet 1849, d'établir une exception à la disposition de l'article 6, en faveur des écrits relatifs aux élections, mais que la proposition a été rejetée et que le législateur a laissé toutes les publications, même électorales, sous l'empire de cet article, sauf aux lois spéciales sur les élections à déterminer les exceptions à cette défense que pourraient réclamer les besoins de la liberté électorale, que ce dernier point a été réglé depuis par l'article 10 de la loi du 16 juillet 1850. (*Cassation, 11 juillet 1862.*)

toutes les lois sur la police de l'imprimerie et de la presse, le mot *écrit* est employé dans un sens générique, et, conséquemment, l'article 6 de cette loi, qui soumet à une autorisation préalable du Préfet la distribution ou le colportage des livres, écrits, etc., s'applique même à la distribution de bulletins électoraux simplement indicatifs du nom des candidats. (Cassation, 26 mars 1856, 30 janvier 1857 et 11 juillet 1862.)

16. Ce mot *écrit*, ainsi placé dans un article de la loi de police préventive, doit être pris dans son acceptation générale et s'étendre à tout écrit, tracé à la main ou au moyen de l'imprimerie, et s'applique même aux bulletins électoraux manuscrits. (Cassation, 11 juillet 1862.)

17. La distribution de bulletins électoraux à des électeurs tombe sous l'application de l'article 6 de la loi du 27 juillet 1849, par quelque personne qu'elle ait été faite, fût-ce par d'autres électeurs. (Cassation, 16 novembre 1855, 26 mars 1856, chambres réunies; 30 janvier 1858, chambres réunies.)

La remise de bulletins électoraux faite par un électeur candidat à d'autres électeurs, constitue une distribution dans le sens de la loi du 27 juillet 1849 (1). (Cassation, 26 mars 1858.)

---

(1) On doit de même considérer comme constituant une distribution le fait par un prévenu d'avoir remis un bulletin à une personne qui le lui demandait et un second à une autre personne qui ne le lui demandait pas, alors surtout qu'averti de l'irrégularité de son action il a détruit en outre deux autres bulletins qu'il se proposait de donner à deux électeurs. [*Cassation, 16 novembre 1855.*]

L'infraction à l'article 6 de la loi du 27 juillet 1849, qui soumet à la nécessité d'une autorisation préalable tout colportage ou distribution d'écrits, existant par le seul fait matériel, indépendamment de l'intention de l'agent et du caractère des écrits, constitue non un délit, mais une simple contravention, et dès lors ne comporte pas les éléments constitutifs de la complicité, prévue et punie par l'article 59 du Code pénal.

Ainsi, c'est à tort qu'un jugement correctionnel déclare un individu, à la charge duquel aucun fait direct et personnel de distribution n'est relevé, complice d'une distribution illicite, en se fondant sur ce que l'auteur de la distribution agissait pour le compte et par les ordres de cet individu, lequel y avait seul intérêt. [*Cassation, 11 avril 1856.*]

CIRCULAIRE

du Ministre de l'Intérieur.

————————

Versailles, le 17 avril 1871.

MONSIEUR LE PRÉFET,

J'ai l'honneur de vous transmettre un exemplaire imprimé de l'arrêté du chef du pouvoir exécutif, pris en conformité de la loi du 14 avril 1871, et qui fixe au 30 avril les opérations électorales pour le renouvellement des conseils municipaux.

Cette mesure s'applique à toutes les communes de France, même à celles dans lesquelles il a été procédé à l'élection d'une assemblée communale en vertu du décret du 25 septembre 1870 ou d'arrêtés ultérieurs.

Vous avez donc à adresser immédiatement à tous les maires de votre département, ou aux membres des anciens conseils municipaux qui en remplissent provisoirement les fonctions, des instructions détaillées pour assurer partout la régularité des opérations. Je me propose de vous indiquer sommairement, dans la présente circulaire, les principaux points sur lesquels devront porter ces instructions.

5

ÉTABLISSEMENT DES LISTES ÉLECTORALES.

Le premier soin des municipalités sera d'établir les listes qui doivent servir au prochain scrutin.

Modifiant les lois antérieures, la loi du 14 avril 1871 a subordonné à des conditions spéciales le droit de prendre part aux élections municipales.

La loi du 5 mai 1855, se référant au décret du 2 février 1852, n'exige, pour l'inscription sur les listes électorales, que six mois de résidence, au jour de la clôture des listes. Pour les élections municipales, ce délai est porté à un an.

Les maires ne devront donc inscrire sur les listes nouvelles que les citoyens français, âgés de vingt-et-un ans accomplis, qui ont dans la commune leur principal établissement, conformément aux articles 102 et suivants du code civil, ou qui y sont depuis un an réellement domiciliés.

Il n'est rien innové, d'ailleurs, en ce qui concerne les cas d'exclusion prévus par les lois en vigueur.

Les listes électorales devront être arrêtées le 22 avril, au plus tard. Elles seront immédiatement publiées dans les formes ordinaires, et tout habitant aura le droit d'en prendre communication.

Les réclamations à fin d'inscription ou de radiation seront reçues au secrétariat de la mairie pendant les jours suivants, c'est-à-dire jusqu'au 25, à minuit. Il sera délivré un récépissé de chacune d'elles.

Ces réclamations seront jugées par une commission composée de trois membres pris, dans l'ordre du tableau, parmi les derniers conseillers municipaux élus.

Les décisions de la commission devront être rendues et notifiées, au plus tard, le 28, à minuit.

Le maire en tiendra compte pour l'établissement de la liste définitive, qui sera close à la même date et qui servira au scrutin du 30. Les intéressés conserveront le droit de déférer, dans les délais ordinaires, la décision des commissions municipales aux juges de paix, et de se pourvoir en cassation. Les électeurs qui, au jour du scrutin, se présenteraient porteurs d'un jugement rendu en leur faveur, devraient être admis au vote, alors même qu'ils ne figureraient pas sur la liste; mais, dans aucun cas, le jugement des appels ou des pourvois ne devra retarder les opérations électorales.

COMPOSITION DU CONSEIL MUNICIPAL.

Conformément à l'article 6 de la loi du 5 mai 1855, le nombre des membres du conseil municipal est déterminé dans chaque commune (Paris excepté) par l'importance de la population (1). Il est de :

10 dans les communes	500 h. et au-dessous.	
12	—	501 à 1,500 habit.
16	—	1,501 à 2,500 —
21	—	2,501 à 3,500 —
23	—	3,501 à 10,000 —
27	—	10,001 à 30,000 —
30	—	30,001 à 40,000 —
32	—	40,001 à 50,000 —
34	—	50,001 à 60,000 —
36	—	60,001 et au-dessus.

ÉTABLISSEMENT DE SECTIONS.

Les élections auront lieu, comme par le passé, au scrutin de liste pour toute la commune.

Toutefois l'article 3 de la loi du 14 avril vous laisse la faculté, là où l'intérêt de la commune vous paraîtra l'exiger, d'établir des sections distinctes ayant chacune un certain nombre de conseillers à élire.

---

(1) Le nombre d'habitants se détermine d'après le chiffre de la *population municipale* totale constatée par le dernier recensement officiel.

A raison de la brièveté des délais, la loi n'a pas jugé nécessaire de faire intervenir le conseil de préfecture, ni de reproduire les dispositions de la loi du 24 juillet 1867 (art. 19) qui exigeaient la publication des arrêtés de sectionnement dix jours avant la réunion des électeurs.

Vous ne perdrez pas de vue que le nombre de conseillers attribué à chaque section sera proportionné non plus au nombre des électeurs inscrits, mais à la population de chaque section.

Aucune section ne devra élire moins de deux conseillers.

Enfin le droit de sectionnement dont vous êtes encore investi pour les prochaines élections sera exercé à l'avenir par le conseil général. Chaque année, dans sa session ordinaire, l'assemblée départementale arrêtera le tableau des sections, qui servira pour toutes les élections municipales à faire pendant le cours de l'année. Vous aurez soin d'appeler le conseil à statuer sur ce point lors de sa première session.

Ce qui précède ne s'applique pas aux sections de vote uniquement destinées à faciliter les opérations électorales, en multipliant les lieux de réunion. Vous demeurez libre de les établir suivant les nécessités locales.

CONVOCATION DES ÉLECTEURS.

Aux termes de l'art. 27 de la loi du 5 mai 1855, l'assemblée des électeurs est convoquée par le préfet. Vous aurez donc à prendre un arrêté général pour la convocation des électeurs dans toutes les communes au jour fixé par le gouvernement. Votre arrêté sera publié par la voie du recueil des actes administratifs et affiché le plus tôt possible dans chaque commune.

Je n'ai pas besoin d'insister sur l'urgence de cette publication.

FORME DES OPÉRATIONS.

L'article 18 de la loi du 14 avril déclare que la législation actuellement en vigueur sur l'organisation municipale, continuera à être provisoirement observée dans celles de ses parties qui ne sont pas contraires aux dispositions récemment adoptées par l'Assemblée.

La forme des opérations électorales est donc aujourd'hui encore réglée par la loi du 5 mai 1855, sous la réserve des modifications dont il sera parlé ci-après.

COMPOSITION DU BUREAU.

Par disposition transitoire et exceptionnelle, la présidence des bureaux n'appartiendra aux maires ou adjoints que lorsqu'ils auront été choisis dans le conseil municipal. Dans le cas où le maire ou les adjoints auraient été pris en dehors du conseil, ils seront remplacés dans cette fonction par les premiers conseillers municipaux suivant l'ordre du tableau.

S'il y a des sections, le maire, sous la réserve indiquée ci-dessus, préside la première section, et les autres sont présidées successivement par les adjoints. dans l'ordre de leur nomination, et par les conseillers, dans l'ordre du tableau.

Les deux plus âgés et les deux plus jeunes électeurs présents à l'ouverture de la séance, sachant lire et écrire, remplissent les fonctions de scrutateurs. Le secrétaire est désigné par le président et les scrutateurs; dans les délibérations du bureau, il n'a que voix consultative.

Trois membres du bureau au moins doivent être présents pendant tout le cours des opérations; le procès-verbal en fera mention.

DURÉE DU SCRUTIN.

La loi ne fixe ni l'heure de l'ouverture ni celle de la clôture du scrutin, mais, comme elle limite à un seul jour la durée des opérations, quelle que soit la population de la commune, il conviendra d'adopter, dans les villes surtout, l'heure de six heures du matin. Vous pourrez en faire l'objet d'une disposition spéciale dans votre arrêté de convocation, à moins que vous ne jugiez préférable d'en laisser l'initiative aux maires, mieux placés peut-être pour connaître ce qui convient aux besoins et aux habitudes des électeurs. Dans ce dernier cas, la plus grande publicité devra être donnée, plusieurs jours à l'avance, à l'arrêté du maire.

Quant à la clôture, il sera nécessaire de la fixer au plus tard à six heures du soir, le dépouillement du scrutin devant suivre immédiatement. Je vous rappelle que le scrutin doit durer trois heures au moins : les procès-verbaux devront donc mentionner avec soin les heures d'ouverture et de clôture.

Le second tour de scrutin (s'il est nécessaire d'y recourir) pourra être ouvert dans la même journée, sinon il sera renvoyé au dimanche suivant.

L'ouverture d'un second tour de scrutin dans la

même journée peut avoir lieu sans inconvénient dans les petites localités, si les électeurs sont prévenus à l'avance ; mais dans les communes de quelque importance, il est préférable de renvoyer le second tour au dimanche suivant.

RÉCEPTION ET DÉPOUILLEMENT DES VOTES.

Les formalités relatives à la réception et au dépouillement des votes, ainsi qu'à la rédaction des procès-verbaux, sont détaillées dans les articles 38 à 44 de la loi du 5 mai 1855. Je vous rappelle que nul n'est élu au premier tour de scrutin s'il ne réunit : 1° la majorité des *suffrages exprimés ;* 2° un nombre de suffrages égal au quart de celui des électeurs inscrits ; qu'au deuxième tour de scrutin, l'élection a lieu à la majorité relative, quel que soit le nombre des votants ; et que, si au premier comme au second tour, plusieurs candidats obtiennent le même nombre de suffrages, l'élection est acquise au plus âgé.

Il faut entendre par suffrages exprimés ceux qui entrent en compte dans le dépouillement. Les bulletins blancs ou illisibles, ceux qui ne contiennent pas de désignation suffisante ou dans lesquels les votants se sont fait connaître, sont nuls. Le bureau ne doit pas négliger de les annexer au procès-verbal, alors même qu'ils y seraient décrits. Tous autres bulletins doivent être comptés pour établir le nombre de suffrages exprimés.

CONDITIONS D'ÉLIGIBILITÉ.

La nouvelle loi modifie les conditions d'éligibilité au conseil municipal.

Aux incapacités et aux incompatibilités prévues par les lois antérieures, elle a ajouté l'incompatibilité résultant de l'exercice des fonctions de juge de paix ou de membre amovible des tribunaux de première instance. Cette incompatibilité n'existe pour les juges de paix que dans le canton où ils exercent, et, pour les membres du parquet, que dans l'étendue de leur arrondissement. Elle ne s'étend pas aux suppléants des juges de paix.

De plus, la loi exige des conseillers municipaux les conditions de domicile imposées aux électeurs municipaux, c'est-à-dire à un an de domicile réel.

Toutefois, les personnes qui, sans être domiciliées dans la Commune, y paieraient une des quatre contributions directes, pourraient être valablement élues, à la condition que le nombre de ces conseillers non domiciliés ne dépassât pas le quart des membres du conseil.

Vous remarquerez qu'il n'appartient pas au bureau de statuer sur l'éligibilité des candidats. Il doit se borner à proclamer ceux qui viennent en ordre utile, d'après le nombre des suffrages.

Les questions d'éligibilité sont réservées, suivant les cas, soit au conseil de préfecture, soit aux tribunaux civils.

RÉCLAMATIONS CONTRE LES OPÉRATIONS ÉLECTORALES.

Au cas où l'opération électorale donnerait lieu à des réclamations, celles qui se produiraient séance tenante devraient être consignées au procès-verbal : il y serait donné, ainsi qu'aux protestations déposées régulièrement *dans les cinq jours*, la suite réglée par la loi. (Loi du 5 mai 1855, articles 45 et suivants.)

NOMINATION DES MAIRES.

Je me réserve de vous adresser ultérieurement des instructions spéciales pour l'exécution de la partie de la loi du 14 avril, qui se rapporte à la nomination des maires et adjoints.

J'annexe à la présente circulaire un exemplaire de

cette loi et un extrait de la loi de 1855, à laquelle vous aurez à vous référer.

Recevez, monsieur le préfet, l'assurance de ma considération la plus distinguée.

Le ministre secrétaire d'état au département de l'intérieur.

E. PICARD.

IMPRIMERIE E. CAGNIARD,

RUES JEANNE-D'ARC, 88, ET DES BASNAGE, 5, ROUEN

www.ingramcontent.com/pod-product-compliance
Lightning Source LLC
Chambersburg PA
CBHW071459200326
41519CB00019B/5796